Jack Nicklaus
mit Ken Bowden

Das Buch der 1000 Tips

Jack Nicklaus

mit Ken Bowden

Das Buch der 1000 Tips

Ein Buch des GOLF magazin in der
Jahr-Verlag KG
Herausgeber: Horst T. Ostermann
und Gunther Marks

Die Originalausgabe erschien 1981 bei
Golf Digest/Tennis Inc. in Norwalk, Conn. (USA)
unter dem Titel
»Jack Nicklaus' Playing Lessons«

Alle deutschen Rechte bei Jahr-Verlag KG,
Burchardstr. 14, 2000 Hamburg 1
Redaktion: Horst T. Ostermann,
Gunther Marks, Cecilie Spitzley
Aus dem Englischen übersetzt von
C. A. Freiherr von Thüna
Umschlaggestaltung: Ingo Mojen
Zeichnungen: Jim Mc Queen

Satz: Typo Delvos Hamburg
Lithografie: Schutzumschlag
Service vor dem Druck, Bielefeld
Druck: Gerhard Stalling AG, Oldenburg
Printed in Germany
ISBN 3-570-03226-4

Gewidmet

Jack Grout, einem Freund, wie man ihn besser nicht finden kann. Ohne seine Unterstützung und ständige Hilfe wäre nichts von alledem möglich gewesen.

Vorwort

Mit zehn Jahren fing ich an, ernsthaft Golf zu spielen und auch schon an Wettspielen teilzunehmen. Mit 19 war ich als Amateur schon so erfolgreich, daß mir der Zeitpunkt gekommen schien, in das Pro-Lager überzuwechseln. Das war keineswegs nur jugendlicher Größenwahn. Ich schlug den Ball schon recht weit und meistens auch in die gewünschte Richtung. Es gab in Ohio auch nicht viel Rough, aus dem ich den Ball nicht herausbekommen hätte, und mein Putten grenzte zumindest zeitweise an Zauberei. Als ich also mit 21 Jahren Pro wurde, hatte ich eigentlich keine Angst, mit dem Spiel nicht genug Geld zu verdienen.

Mein Erwachen aus diesem Traum war, ehrlich gesagt, eher brutal.

Die Pro-Tour und das Spiel auf dem Scioto Country Club waren zwei verschiedene Welten. Und so lernte ich sehr schnell, daß, gemessen am Spiel ums große Geld, mein Chippen keinen Pfennig wert und meine Pitches kaum besser waren. Meine Bunkerschläge, vor allem aus lockerem Sand, ließen viel zu wünschen übrig; ich konnte meine Schläge im Wind nicht flach halten und sie auch nicht kontrolliert von rechts nach links schlagen; usw. . . . Mir wurde jedenfalls sehr schnell klar, daß ich noch viel lernen mußte, wenn ich das mir selbst gesteckte Ziel je erreichen wollte.

Das war die erste Lektion. Die zweite war noch etwas härter.

Als Amateur hatte ich zwischen den einzelnen Turnieren eigentlich immer genug Zeit, an meinem Spiel zu arbeiten. Bestreitet man dagegen auf der Pro-Tour das volle Programm, was ich damals wollte und auch mußte, dann hat man weder Zeit- noch Energiereserven, um tiefgreifende Schwungveränderungen auszuprobieren. Man kann nur so spielen, wie es kommt – mal eine gute Woche, mal eine schlechte – und versuchen, jeweils das Beste daraus zu machen. Im Lager der Amateure gab es vielleicht sechs oder acht Spieler, die mich jederzeit schlagen konnten. Auf der Pro-Tour waren es mindestens 80, und es wurden jeden Tag mehr. Das alles ließ mich doch sehr ernsthaft darüber nachdenken, was wohl nötig sei, um bei diesem Spiel in der obersten Klasse wirklich erfolgreich zu sein.

Ich war mir von Anfang an darüber klar, daß Golf aus zwei Teilen besteht: den Ball schlagen sowie sich selbst und den Ball beherrschen. Wie die meisten Amateure konzentrierte ich mich in meinen Lehrjahren vor allem auf den ersten Teil. Nicht nur, weil es offensichtlich zuerst kommt und den meisten Spaß macht, sondern weil im Amateurgolf die Konkurrenz nicht so hart und der Kampf ums Überleben nicht so ausgeprägt sind, als daß man sich auf Teil zwei besonders konzentrieren müßte.
Die Erkenntnis über die Schwächen des eigenen Spiels war bei meinem Wechsel ins Pro-Lager dann wahrscheinlich der Anlaß dazu, mich ganz besonders auf den Teil zwei des Golfs zu konzentrieren. Die Lücken im Können zu füllen, würde seine Zeit dauern; wenn ich mit meiner derzeitigen Spielstärke aber in der Tour überhaupt Erfolg haben wollte, so mußte ich mein Spiel sehr viel exakter planen und durchdenken, als ich es in meiner Amateurzeit getan hatte. Nachdem sich das sehr bald bezahlt machte, forcierte ich es immer mehr, bis es bald zur festen Gewohnheit wurde. Und dafür bin ich äußerst dankbar; denn es steht für mich außer Zweifel, daß ich meine Erfolge im Golf sehr viel mehr der Beherrschung des »zweiten Teils« als des ersten verdanke.

Wir wollen uns aber nichts vormachen! Das Spiel als solches – das Schlagen der Bälle – steht an erster Stelle und wird es immer tun. Strategische und taktische Überlegungen haben nur einen Sinn, wenn man in der Lage ist, den Ball mehr oder weniger regelmäßig in die beabsichtigte Richtung zu schlagen. Solange Ihr Spiel also noch dem Streuen einer alten Schrotflinte gleicht, werden Ihnen ein paar Trainerstunden sicher mehr helfen als dieses Buch. Von den »Streuern« mal abgesehen, glaube ich aber doch, daß es für alle die Golfer, die auch ohne viele zusätzliche Übungsstunden wirklich besser spielen wollen, eine wertvolle Hilfe sein kann. Und ich werde Ihnen auch sagen, warum:

Als Handicap-Golfer wird man Ihnen immer wieder sagen, daß Sie besser spielen würden, wenn Sie Ihre Gedanken mehr auf strategische Überlegungen als auf Ihren Schwung konzentrieren – also beim Spiel Taktik vor Technik stellen könnten. Das stimmt zwar, ist als Ratschlag aber ziemlich sinnlos, wenn Sie nicht wissen oder herausfinden, *wie* das zu machen ist. Ich habe jedenfalls festgestellt, daß leider niemand mit diesem Wissen geboren wird, genausowenig, wie es ein naturgegebenes Schwunggefühl gibt – beide müssen erlernt werden. Und das ist der Haken an der Sache: Fast jeder Golfunterricht, persönlich oder in Buchform, konzentriert sich beinahe ausschließlich auf das Schlagen des Balles und viel weniger auf die Konzeption des Spiels. Kurz gesagt: Golfer leiden unter zu viel Information über die physischen Aspekte des Spiels und erhalten zu wenig über die geistigen Voraussetzungen, die nötig sind, um die physischen Kräfte erfolgreich einzusetzen.

Die Erkenntnis dieses Ungleichgewichts war für die Herausgeber von Golf Digest vor ein paar Jahren der Anlaß, mich zur Abfassung der Serie »Playing Lessons« zu überreden, die nunmehr als Buch vorliegt. Ich habe versucht, darin all das so einfach und klar wie möglich niederzuschreiben, was ich in meinem 30jährigen Liebesverhältnis mit Golf über die Kunst und das Ausüben dieses Spiels gelernt habe. Zwischen dem Schlagen des Balles und der Strategie des Spiels besteht also offenbar eine starke Interdependenz. Deshalb finden Sie in diesem Buch viel über Technik, vor allem in bezug auf spezielle und Recovery-Schläge. Der Schwerpunkt des Buches aber liegt eindeutig bei der Kontrolle und Beherrschung des eigenen Ichs und des Platzes, also bei Strategie und Taktik –, den beiden Schlüsseln zu einem guten Score.

Ich hoffe, das Buch gefällt Ihnen und ich hoffe auch, daß es Ihnen hilft, in dem größten aller Spiele noch mehr Freude und Befriedigung zu finden.

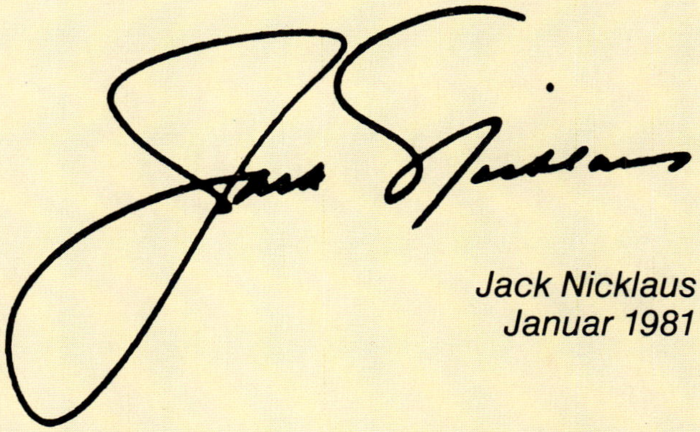

Jack Nicklaus
Januar 1981

Inhalt

Teil 1
Psychologische Aspekte des Spiels

Teil 2
Spiel-Praxis

Runden und Rekorde

Teil I

Psychologische Aspekte des Spiels

J. McQueen

Psychologische Aspekte 1:

Wie kann man sich zur Verbesserung des eigenen Spiels selbst motivieren

Am stärksten motivieren mich zwei eng miteinander verbundene Dinge – Mißerfolg und der Wunsch nach Verbesserung des eigenen Spiels.
Mit Mißerfolg meine ich nicht unbedingt den Verlust eines Wettspiels, obwohl das dann häufig das Endresultat darstellt und allein schon einen starken Antrieb gibt, an sich selbst zu arbeiten. Ich meine aber eher den Mißerfolg, wenn es mir nicht gelingt, das mir selbst gesteckte Ziel zu erreichen. Trifft das zu, so fühle ich einen unwiderstehlichen Drang – ja fast einen inneren Zwang –, mein Spiel zu verbessern. Was immer ich dazu tun kann, weitere Mißerfolge auszuschließen, es muß getan werden. Und zwar jetzt, noch heute!
Offen gesagt, glaube ich, daß diese Einstellung mehr als alles andere mich dahin gebracht hat, wo ich heute bin. Ich bin nämlich nicht leicht zufriedenzustellen. Natürlich freue ich mich über alle bisherigen Erfolge. Aber das Leben geht schließlich weiter; und so schwindet auch jede Freude langsam dahin. Mit meiner Einstellung zum Leben kann man also nicht einfach still dasitzen und von vergangenem Ruhm träumen. Man muß weiter, nach neuem Erfolg und neuer

Ich bin sehr leicht mit mir selbst unzufrieden, und keine andere Gefühlsregung hat so viel zu meinen späteren Erfolgen beigetragen

Freude suchen und hoffen, daß sie ein Gewinn für das eigene Leben darstellen.
Über den Sieg in 19 großen Meisterschaften habe ich mich sehr gefreut, aber nur bei der Hälfte von ihnen war ich mit der Art und Weise zufrieden, mit der ich sie gewonnen habe. Bei vielen Gelegenheiten habe ich nicht wirklich gewonnen; ich habe nur etwas weniger Fehler gemacht als die anderen, die ebenso gut hätten gewinnen können. Nun gibt es vielleicht viele Spieler, die sich daran begeistern können, die ihre eigenen Schwächen über einem einzigen Sieg vergessen. Ich glaube fast, daß viele der Großen im Sport, die nur einmal die Siegespalme errangen, diese innere Einstellung hatten. Aber nicht ich! Es mag komisch klingen; aber ich bin nach einem Sieg manchmal richtig niedergeschlagen. Sind erst einmal der große Rummel und die Euphorie eines Sieges vorbei, so denke ich an die Fehler zurück, die ich gemacht habe und die mich leicht hätten den Sieg kosten können. Das aber ist ein großer Ansporn, das motiviert mich.
In meinem Buch „Golf My Way" steht, ich wüßte, daß ich niemals perfektes Golf spielen würde. Diese Erkenntnis hält mich aber nicht davon ab, es immer wieder zu versuchen. Es gibt keine einzige Golfrunde – noch viel weniger ein Turnier –, die mich vollständig, total, hundertprozentig befriedigt hätte. Und das bedeutet für mich eine starke Motivation.
Dabei versuche ich keineswegs, mein Spiel zu mechanisieren, mich in eine Art Automat zu verwandeln. Kein Golfer kann Fehler ausschalten – jeder macht viele. Das liegt in der Natur dieses Spiels, in seiner Herausforderung und in seinem Reiz. Nicht absolute Perfektion soll man anstreben – das ist unrealistisch; aber man soll stets versuchen, sich zu verbessern – das aber ist höchst realistisch und realisierbar. Kurz gesagt, ich bemühe mich, häufiger das zu erreichen, von dem ich weiß, daß ich es physisch erreichen kann.
So besteht das Problem im Golf für mich nicht darin, einen Schwung oder gewisse Techniken sozusagen zu automatisieren. Soweit das überhaupt möglich ist, wurde die Bahn meines vollen Schwunges vorgezeichnet – zum Guten oder zum Schlechten –, als ich 13 Jahre alt war. Und bei allem anderen außer dem vollen Schwung gibt es keine vorgezeichnete Bahn; man entwickelt vielmehr eine Vielzahl von speziellen Techniken, die auf wenigen Grundprinzipien basieren. Was nun die reine Technik angeht, so sehe ich meine Aufgabe darin, mein Können immer auf dem höchsten Stand zu halten. Das kann man aber nicht allein dadurch, daß man ab und zu ein paar neue Tricks lernt. Das kann man nur, indem man sich innerhalb des Rahmens der richtigen Grundprinzipien, die einem die Erfahrung lehrte, den jeweiligen Bedingungen anpaßt.
Hier ist also mein Problem – und meine stärkste Motivation. In über 20 Jahren Turniergolf kam ich immer wieder in die Lage, jeden nur denkbaren Schlag zu spielen. Manchmal war ich sehr erfolgreich, wie bei den langen Eisen. Manchmal fand ich meine Erfolgsquote eher dürftig, wie bei den Chips und zeitweise auch bei den Bunkerschlägen. Aber ich habe alle Schläge gut gespielt, ob es nur einmal oder 10 000 mal war.
Natürlich weiß ich, daß ich niemals alle Schläge nur gut spielen werde – wir sprachen ja schon davon. Was ich aber anstrebe – und was mich zutiefst motiviert –, ist die permanente Vergrößerung der Erfolgsquote. Mit anderen Worten, ich möchte die Fehlerquote reduzieren bei Schlägen, von denen mir mein Verstand sagt und meine eigene Erfahrung mir beweist, daß ich sie rein physisch annähernd perfekt spielen kann.
Dieses Streben nach Perfektion hat von der Motivation her, mit dem Wunsch zu gewinnen, nur wenig zu tun und gar nichts gemein mit Geld oder sonstigen Faktoren. Sie hängen meiner Meinung nach rein von der Leistung des Spielers ab. Immer wenn dieser Drang zur Perfektion mal abkühlt, bekommt ein anderes Gefühl sehr schnell die Oberhand – die Unzufriedenheit. Ich bin sehr leicht mit mir selbst unzufrieden und keine andere Gefühlsregung hat soviel zu meinen späteren Erfolgen beigetragen.
Meine wahrscheinlich traumatischste Erfahrung – und es gab eine Menge davon – machte ich einmal am 16. Loch in Medinah bei der Amerikanischen Offenen. Als ich auf den Abschlag ging, hatte ich gute Aussichten, diese Meisterschaft zu gewinnen. Ich wünschte mir das so sehr, wie ich je etwas gewünscht habe; nicht nur wegen des Titels an sich, sondern weil es der zweite Schritt auf dem Weg zum „Grand Slam" gewesen wäre. Komischerweise liebe ich dieses Loch und ich halte es für das beste in Medinah.
Der ideale Drive an diesem 410 Meter langen Par-4-Loch ist für mich ein Fade auf die linke Seite des Fairways, der dann in die Mitte oder auf die rechte Seite geht und das beste Anspiel aufs Grün ergibt. So wollte ich den Schlag spielen, wie ich es millionenfach perfekt getan hatte. Er ist sozusagen mein tägliches Brot, der Drive, wie ich ihn in über 90 Prozent aller Fälle in über 20 Jahren Turniergolf geschlagen habe. Diesmal aber schlug ich einen Pull-Hook nach links tief in den Wald.
Ich wußte sofort, was passiert war und erkannte, daß bei meinem derzeitigen Schwung ein kurzer kontrollierter Drive

Den Ball gut zu treffen, kann man nicht nur dadurch erlernen, daß man ein paar Millionen Übungsbälle in die Gegend knallt

das richtige gewesen wäre. Dieser rein gedankliche Fehler hatte hinterher einen starken Motivationseffekt, weil ich niemals vorher auf einem Golfplatz über mich selbst so entsetzt war wie an diesem Loch und den beiden noch folgenden. Als ich das 18. Grün verließ, schwor ich mir, daß ich mich nie wieder derartig über mich selbst ärgern würde. Ich brauche Ihnen die von diesem Ereignis ausgelösten psychischen und physischen Anstrengungen nicht näher zu schildern; ich kann aber immerhin feststellen, daß der Rest dieser Saison keineswegs erfolglos war, obwohl mich nichtgolferische Verpflichtungen in der Zeit mehr als sonst in Anspruch nahmen.

So weit, so gut! Meine wichtigsten Motivationen sind also Abscheu vor dem eigenen Versagen, der stete Drang zur Verbesserung der eigenen Leistungen und das Bemühen, mich nicht über mich selbst zu ärgern. Wie aber kann ein Handicap-Golfer sich darauf einstellen und es in die Praxis umsetzen?

Lassen Sie mich mit einer Binsenwahrheit beginnen, die man all diesen Motivationen – ja all den folgenden Lektionen entgegenstellen könnte. Unabhängig davon, wie motiviert Sie als Golfer schon sein mögen, oder werden wollen – es wird Ihnen keinen Schritt weiterhelfen, wenn Sie nicht in der Lage sind, einen Golfball halbwegs anständig zu treffen. Das gleiche gilt für all die anderen großen Worte, wie Hingabe, Entschlossenheit, Zutrauen, Konzentration oder Verpflichtung. Selbst wenn Ihnen alle diese Begriffe in Fleisch und Blut übergegangen sind, haben sie im Golf nur einen Wert, wenn Sie Ihre Schläge wirklich treffen. Können Sie das aber nicht, so nützen Ihnen auch die besten psychologischen Voraussetzungen nicht das geringste.

Es kommt also zuerst einmal darauf an, den Ball richtig zu treffen. Wie kann man das erreichen? Natürlich durch systematisches Üben. Aber auch das bedingt sehr viel mehr, als einfach ein paar Millionen Bälle in die Gegend zu knallen. Als erstes müssen Sie eine ganz klare Vorstellung davon haben, was Sie durch das Schwingen eines Golfschlägers tatsächlich erreichen wollen. Das aber ist nur bei den wenigsten Handicap-Golfern der Fall. Das mag zum Teil daher kommen, daß bis vor kurzem relativ wenige Golflehrer ihren Schülern Ursache und Wirkung ballistischer und geometrischer Faktoren beim Treffen eines Balles näher gebracht haben.

Außerdem liegt es sicher daran, daß den meisten Golfern die Beschäftigung mit diesen trockenen, theoretischen Begriffen viel zu langweilig ist, genau so, wie sie sich nicht mit den Grundregeln von Stand und Griff auseinandersetzen, die fast zu 90 Prozent die Voraussetzung für eine richtige Golftechnik darstellen. Diese Spieler kommen mir vor, wie der Bursche, der einen Wagen fährt, ohne zu wissen wohin und wozu. Sie konzentrieren sich nur auf den mechanischen Bewegungsablauf, ohne den dahinter liegenden Sinn zu erfassen.

Suchen Sie sich also einen guten Lehrer und lassen Sie sich von ihm die Prinzipien von Ursache und Wirkung im Golf erklären. Praktizieren Sie dieselben dann so lange, bis sie Ihnen so weitgehend in Fleisch und Blut übergegangen sind, daß jeder Schwung automatisch durch sie bestimmt wird. Können Sie einen solchen Lehrer aber nicht finden, so nehmen Sie ein Lehrbuch oder eine Golfzeitschrift, in denen diese Informationen enthalten sind. Selbst dieses Hilfsmittel ist immer noch wesentlich sinnvoller, als sich ein Leben lang Golfer zu nennen, ohne zu wissen, was man tun muß, um den Ball richtig zu treffen.

Ein weiterer Begriff, den ich Ihnen näherbringen möchte, ist Konsistenz. Sie spielen ja nur deshalb nicht so gut wie die Tour-Pros, weil Sie den Ball nie sauber treffen. Wer aber auch nur manchmal unter 90 spielt, trifft seinen Ball gelegentlich genauso gut wie ich oder irgend ein anderer Pro – wenn auch vielleicht nur höchst selten. Diese Superschläge sind natürlich nicht das Problem – aber die ganz miserablen sind es eigentlich auch nicht, zumindest nicht allein. Das Problem bei Ihrem ganz persönlichen Golf besteht in der riesigen Kluft zwischen Ihren besten und Ihren schlechtesten Schlägen.

Wenn Sie diese Kluft auch nur ein klein wenig verringern könnten, so würde das Ihren Score gleich ganz wesentlich verbessern.

Und das bringt uns wieder zu meinen ursprünglichen Motivations-Faktoren. Zur Vermeidung eigenen Ärgers strebe ich nach fortgesetzter Verbesserung meines Spiels – das heißt, ich versuche auch nichts anderes, als die Kluft zwischen meinen besten und meinen schlechtesten Schlägen zu verringern. Sie mag bei mir nicht so groß sein wie bei Ihnen, aber das Prinzip ist das gleiche. Ich versuche dabei nicht etwa, hinter irgendein „Geheimnis" zu kommen oder wie Ben Hogan zu schwingen; ich konzentriere mich nur auf meine eigenen Fähigkeiten, und diejenigen, die ich glaube, noch entwickeln zu können. Das heißt, ich halte mich in meinen eigenen Grenzen.

Sie mögen mit dieser Methode weder den Grand Slam noch Ihre Clubmeisterschaft gewinnen, aber Sie werden bei einigem Bemühen mit Sicherheit ein besserer Golfer werden. Notwendig ist dazu nur die richtige Motivation.

J McQ

Psychologische Aspekte 2:

Wie bereitet man sich innerlich auf das Spiel vor

Ich kann mich wahrscheinlich glücklich schätzen, daß ich nicht als Einsiedler auftreten muß, um mein bestes Golf zu spielen. Ich brauche mich dazu nicht von der Welt abzusondern. Das habe ich gar nicht nötig. Allerdings ginge es bei mir auch nicht so wie zum Beispiel bei Muhammad Ali, der anscheinend immer unbesiegbarer wird, je mehr sich der Wirbel um ihn zum Chaos entwickelt. Mein Fall wäre aber auch nicht die Art von Ben Hogan, der sich vollständig von seiner Umwelt abschließt, wenn er sein bestes Golf spielt. Ich selbst muß mich bei der Vorbereitung auf ein Turnier nur ganz natürlich und normal verhalten.

Wenn ich in den zurückliegenden Jahren mal schlecht spielte, so schrieben das viele Beobachter – einschließlich einiger Journalisten – einer Überbeanspruchung durch andere Tätigkeiten zu, also Geschäften, der Planung oder dem Bau neuer Plätze und der Organisation großer Turniere. Nun – dazu kann ich nur sagen, daß 1975 wahrscheinlich mein bisher erfolgreichstes Golfjahr war – gleichzeitig aber auch das lebhafteste Geschäftsjahr mit dem Entwurf von Plätzen, dem Bau des Muirfield Village Platzes und der Ausrichtung des Memorial Tournaments dort.

Aber auch Menschen, die mich gut kennen, kritisieren manchmal, daß andere Interessen so viel Kraft beanspruchen, daß sie mich vom Golf abhalten. Sie denken dabei an meine vielen Reisen, die ich auf mich nehme, um möglichst viel zu Hause zu sein und die Zeit und Energie, die ich für meine Kinder aufwende; nicht zuletzt auch, daß ich mich bemühe, andere Sportarten zu verfolgen und selbst auszuüben – ganz einfach, um ein möglichst normales Familienleben zu führen. Aber ich bin ganz sicher, daß mein Golf auch bei einer gänzlich anderen Lebensführung keineswegs besser wäre. Wahrscheinlich sind es drei Gründe, die bei mir für ein so

Bei der Vorbereitung auf ein großes Turnier ist innere Ausgeglichenheit für mich das allerwichtigste

geschäftiges und vielseitiges Leben sprechen.
Als erstes bin ich meinem Temperament nach für ein einseitiges Leben gänzlich ungeeignet. Golf ist meine große Liebe und die Grundlage meiner Karriere, aber es war nie und wird nie alles sein. Ich habe immer eine Menge anderer Dinge nebenher betrieben und konnte im Lauf der Zeit zu meinem Glück feststellen, daß meine vier Haupttätigkeiten alle ihren besonderen Sinn und Zweck erfüllen.
An erster Stelle steht natürlich meine Familie. Ihr vor allem anderen gelten meine Liebe und meine Sorgen. Als nächstes kommen Planung und Entwurf von Golfplätzen, an denen ich meine Kreativität beweisen kann. Dann sonstige geschäftliche Aktivitäten, die mich mit Problemen und Herausforderungen konfrontieren, die mit Golf nichts zu tun haben. Und als letztes gibt es einige andere Sportarten, die mir körperliche Übung und innere Entspannung verschaffen.
All dies zusammen ergibt ein weiteres Element, das für meine innere Einstellung zum Golf von großer Bedeutung ist. Dieses fünfte Element ist der Ansporn – der immer wieder neue Wunsch –, Turniergolf zu spielen. Das heißt nichts anderes, als daß es mich nach einem intensiven Einsatz in den anderen Lebensbereichen jedesmal wieder mit aller Kraft zum aktiven Golf zieht; genau so wie bei dem Wochenend-Golfer, der kaum darauf warten kann, nach einer Woche in seinem »anderen Leben« am Sonnabendmorgen endlich wieder auf den Golfplatz zu kommen.
Ohne all diese Alternativen würde mir das Golf wahrscheinlich sehr bald fad erscheinen und der für Meisterschaftskämpfe so entscheidende innere Antrieb wäre nicht mehr vorhanden. Und ich bin ziemlich sicher – obwohl es mich im Grunde nichts angeht, wie andere Leute sich ihr Leben einteilen –, daß viele Tour-Pros besser spielen würden, wenn sie ihre Einstellung zum Spiel etwas mehr der meinigen anpassen könnten.
Dieses bunt bewegte Leben paßt auch noch aus einem anderen Grund zu mir. Ich bin ein Mensch, der sein Leben sehr genau einteilen kann. Ich liebe und suche Ordnung und Systematik; und je geschäftiger mein Leben geworden ist, desto besser ist mir dies gelungen. Ohne diesen Charakterzug wäre ich wahrscheinlich nicht in der Lage, jeden Tag mit all dem fertig zu werden, was bei anderen vielleicht einen Nervenzusammenbruch verursachen würde. Und ich bin fest davon überzeugt, daß dieser »Ordnungssinn« auch auf dem Golfplatz einen großen Vorteil darstellt. Die Fähigkeit, in meinem Leben Prioritäten zu setzen und danach zu handeln, ist der dritte Grund dafür, daß Golf für mich nicht Anfang und Ende aller Dinge darstellt. So gibt es zum Beispiel Zeiten, in denen trotz aller Konzentration und Planung das ganze schöne System auseinanderzubrechen droht – wie nach der katastrophalen 82 in der Schlußrunde der Crosby im Jahr 1976. Wenn aber so etwas passiert, dann habe ich mich glücklicherweise so weit unter Kontrolle, mich sofort auf das in der betreffenden Situation Wichtigste zu konzentrieren. Nach der Crosby und Hope des Jahres 1976 aber war das Wichtigste, alles andere zugunsten von Golf zurückzustellen. Das tat ich – und das Ergebnis war ein Sieg in der Tournament Players Championship.
Das ist also meine generelle innere Einstellung zum Golf. Wie aber schaut es mit der inneren Einstellung aus, die bei einem speziellen Turnier, einer Runde oder auch einem Schlag gilt? Der wichtigste Aspekt in der Vorbereitungszeit auf eine große Meisterschaft, wie zum Beispiel die amerikanische oder britische Offene, ist innere Ruhe und Ausgeglichenheit. Damit meine ich nicht die Ausschaltung aller nur denkbaren Fragen und Sorgen. Jeder halbwegs intelligente Mensch weiß, daß das unmöglich ist. Ich will vielmehr sagen, daß ich alles in meiner Macht Stehende versuche, um mich oder meine Angehörigen betreffende ernsthafte Probleme vor einer solchen Meisterschaft zu lösen oder aus dem Weg zu räumen.
Lassen Sie mich Ihnen ein Beispiel geben für ein Problem, das mich vor Antritt eines großen Turniers innerlich sehr beschäftigen würde. Nachdem ich neun Jahre lang dieselben Schläger gespielt hatte, bekam ich einen neuen Satz Eisen. Nun trugen diese Schläger meinen Namen; und wer sie kaufte, sollte sich darauf verlassen können, daß ich sie nicht nur entworfen hatte, sondern auch selber mit ihnen spielte. Obwohl die neuen Modelle eine zweijährige Entwicklungszeit hinter sich hatten und sicher hervorragend waren, merkte ich sehr bald, daß sie für mich doch nicht ideal waren. Deshalb konnten sie meiner Überzeugung nach auch für den Käufer nicht ideal sein.
Sie mußten meinen Vorstellungen entsprechend verbessert werden, nicht nur für meinen eigenen Bedarf und nicht nur, damit die Firma sie guten Gewissens als »Nicklaus Schläger« auf den Markt bringen konnte, sondern aus der Verantwortung dem Käufer gegenüber, der die Schläger wegen dieses Namensaufdrucks kaufte. Aber selbst dann mögen die Schläger noch keineswegs für jeden ideal sein, weil man einfach keinen für alle Spieler gleichermaßen geeigneten Schläger konstruieren kann. Aber das ist auch nicht das Entscheidende. Wichtig ist nur, sie so gut zu machen, wie es meiner Kenntnis und Erfahrung nach möglich ist. Und genau auf dieses Problem mußte ich mich gerade zwischen der Crosby und der Masters konzentrieren. Es kamen natürlich noch mehr Gründe dazu; wenn ich das Problem aber nicht auf die eine oder andere Weise gelöst hätte, dann wäre ich doch irgendwie mit einem schlechten Gewissen nach Augusta gefahren.
Ein Beispiel für den »inneren Frieden« läßt sich am besten von der Familie her ableiten. Seit die Kinder wegen der Schule nicht mehr dauernd reisen können, haben wir es uns zur Regel gemacht, daß ich niemals länger als zwei Wochen hintereinander von zu Hause weg bin. Bis jetzt habe ich das immer eingehalten, und jedes Abweichen von dieser Regel wäre nicht nur für mich eine große Belastung, sondern sicher auch für die ganze Familie.
Was nun, abgesehen von der allgemeinen inneren Verfassung, meine Einstellung auf ein ganz bestimmtes Turnier betrifft, so hat sich das nicht geändert, seit ich Professional wurde. Ich denke viel über den betreffenden Platz nach und gehe ihn in Gedanken Loch für Loch und Schlag für Schlag durch und rufe mir frühere Erfahrungen ins Gedächtnis zurück, bis ich eine ganz klare Vorstellung davon habe, wie ich diesen Platz und seine Aufgaben meistern werde.
In der Woche vor dem eigentlichen Turnier nehme ich mir fast immer zwei oder drei Tage Zeit, um diese Vorstellung zu bestätigen oder zu korrigieren und entsprechend an

Ich mache keinen einzigen Schlag – nicht einmal auf dem Übungsplatz – ohne von ihm eine ganz klare Vorstellung zu haben

meinem Spiel zu arbeiten. Diese möglichst hundertprozentige Vorbereitung ist für meine innere Ausgelichenheit ungeheuer wichtig.
All das läßt sich zusammenfassen in dem Bemühen um einen völlig normalen Lebensrhythmus.
Soviel nun zur Vorbereitung auf ein Turnier. Wie aber bereite ich mich auf eine ganz bestimmte Runde vor?
Auch hier wieder gibt es nichts Besonderes zu berichten – keine großartigen »Geheimnisse«! Ich bemühe mich, bei Turnieren möglichst genauso zu leben wie zu Hause.
Deshalb mieten wir meistens ein Haus. Aber ich verkrieche mich keineswegs. Die Familie ißt, schläft und redet wie zu Hause, wir spielen und lachen genauso, Verwandte und Freunde kommen zu uns und wir besuchen sie. Es gibt so ein paar kleine Rituale – man könnte es auch Aberglauben nennen – die wir befolgen. So nimmt Barbara auf alle Reisen unsere Omelette-Pfanne mit. Aber ansonsten ist nichts Ungewöhnliches zu berichten.
Äußere Einflüsse treten schon deshalb mehr in den Hintergrund, weil vor den großen Ereignissen die Menschen meiner Umgebung Rücksicht auf mich nehmen; ohne daß deshalb Barrikaden aufgerichtet werden. Meine Gedanken sind vielleicht etwas stärker auf das Golf konzentriert, aber reden tun wir darüber auch nicht mehr als sonst – und das ist nicht sehr viel. Ich glaube auch nicht, daß ich dann irgendwie unduldsam oder ablehnend bin, obwohl man dazu wahrscheinlich Barbara befragen müßte.
Kurz gesagt, wir benehmen uns alle ganz normal. Das mag auch daher kommen, daß wir zwar alle auf meinen Sieg hoffen, aber auch genau wissen, daß die Welt nicht untergeht, wenn ich keinen Erfolg habe.
Auf dem Platz selbst ist meine innere Selbstdisziplin nach wie vor ein großes Plus. Auch die Fähigkeit, meine Konzentration sehr schnell von einer Sache auf eine andere umzustellen und sie nur auf das im Augenblick Wichtigste zu fixieren, ist naturgemäß eine große Hilfe.
Auf dem Weg zum Platz reden Barbara und ich meistens über normale familiäre Dinge, was es zum Essen geben und wo sie vor oder nach der Runde einkaufen wird. Wenn ich mit meinen Geschäftspartnern zusammenfahre, dreht sich das Gespräch entweder um harmlose Witze oder geschäftliche Fragen. Wir haben bei solchen Fahrten schon manche wichtige Entscheidung getroffen.
Wahrscheinlich kann ich deshalb so gut abschalten, weil ich nach der Ankunft auf dem Platz sofort weiß, was ich und wie ich es tun will und mich nur noch darauf konzentriere. Von dem Augenblick an zählt nur noch das Spiel. Der Ablauf der nächsten fünf oder sechs Stunden ist sozusagen reine Routine, die sich in über 20 Jahren Turniergolf bewährt hat und die genau zu mir paßt.
Bei einem großen Turnier gehe ich nach der ersten Runde normalerweise auf den Übungsplatz, um die Erfahrungen aus dem ersten Spieltag in bezug auf meinen Schwung oder das Putten gleich auszuwerten. Dieses Üben ist so besonders wichtig, weil es sich unmittelbar aus dem eigentlichen Kampferlebnis ableiten läßt.
Nachdem die Muskeln durch ein paar leichte Übungen und kurze Schläge gelockert sind, fange ich dort wieder an, wo ich am Vortage aufgehört habe, in der Hoffnung, daß das Verhalten des Balles meine physischen und psychischen Erwartungen an das Spiel bestätigt. Ist das der Fall, das gerade vorliegende Problem gelöst und eine feste Grundlage vorhanden (wie immer beim Golf, sicher nur zeitlich begrenzt!), so werde ich alle die verschiedenen Schläge üben, die auf diesem Platz und an diesem Tag wichtig sein können.
Das soll nicht nur mein Selbstvertrauen stärken, indem die Schläge rein physisch gelingen – ich will mich auch innerlich darauf einstellen und ein sicheres Gefühl dafür bekommen, wie und weshalb die Schläge so gelingen.
Auf dem Platz selbst hängt meine innere Verfassung zum großen Teil davon ab, was ich beim Üben gelernt habe.
Bin ich mir der technischen Ausführung meiner Schläge sicher, so kann ich mich voll und ganz auf die strategischen Aufgaben des einzelnen Loches oder Schlages konzentrieren. Dann habe ich wirkliches Selbstvertrauen, und das Golf macht richtig Spaß, weil ich dann in jeder Lage den idealen Schlag spielen kann. Beim Golf gibt es in jeder Lage *den* idealen Schlag, und ich kann ihn eigentlich immer erkennen. Es ist aber gar nicht lustig, wenn ich diesen idealen Schlag zwar klar vor mir sehe, ihn aber nicht ausführen kann, weil mit meinem Schwung etwas nicht stimmt. In solchen Situationen habe ich dann trotzdem oftmals versucht, den idealen Schlag zu spielen; und das hat mich so manche Meisterschaft gekostet.
Unabhängig davon, wie mein Schwingen und Schlagen auch gerade generell sein mögen, die innere Einstellung auf jeden einzelnen Schlag ist immer wieder neu und genau »programmiert«. Ich habe das in dem Buch »Golf My Way« (So spiele ich) genau beschrieben und kann eigentlich nichts Besseres tun, als es mit den gleichen Worten noch einmal zu wiederholen: »Ich schlage niemals einen Ball, nicht einmal auf dem Übungsplatz, ohne ein genaues Bild davon zu haben, wie er ausgeführt werden soll. Es ist wie ein Farbfilm. Zuerst »sehe« ich den Ball, wo er meiner Vorstellung nach landen soll: Eine weiße Kugel mitten auf der grünen Wiese. Dann ändert sich die Szene blitzartig und ich »sehe« den Ball, wie er dorthin fliegt, seine Flugbahn und auch, wie und wo er landet. Dann blendet die Szene aus und als Nächstes sehe ich mich selbst und meinen Schwung, mit dem ich die vorherigen Bilder verwirklichen will. Erst am Ende dieser kurzen, ganz persönlichen Hollywood-Vorführung wähle ich meinen Schläger und gehe zu meinem Ball.«
»Vielleicht gehen Handicap-Golfer auch so »ins Kino«, aber ich bezweifle es. Ich sehe doch häufig meine Partner in Pro-Amateurspielen, die den Schläger am Ball aufsetzen und ihren Stand einnehmen, bevor sie sich vorstellen, wie der Schlag überhaupt ausgeführt werden soll. Vielleicht »sehen« sie auch nur den eigentlichen Schwung und nicht, was sie damit im Endeffekt erreichen wollen. Falls das bei Ihnen auch so sein sollte, dann wird ein bißchen mehr »Kino« Ihr Spiel sicher verbessern. Aber Ihr »Kino in Gedanken« soll natürlich nur ausgezeichnete Schläge zeigen. Wir wollen keine Horror-Filme mit Bällen, die im Bunker, im Wasser oder im Aus landen.«

HELLO
J McQueen

Psychologische Aspekte 3:

Was kann man aus den Fehlern der Pros lernen

Der wichtigste gedankliche Fehler auf der Tour – und auch mir ist er oft genug unterlaufen – ist der gleiche wie bei allen übrigen Golfern: die Überschätzung der eigenen Fähigkeiten. Ein klassisches Beispiel war mein eigener Fall in einem Jahr bei der Crosby. Nachdem ich die zwei Monate davor kaum gespielt hatte, ging es auf den ersten beiden Runden dennoch recht gut. Irgendwann auf der dritten Runde dämmerte es mir dann plötzlich, daß ich weder innerlich noch äußerlich für den Sieg in einem großen Turnier richtig vorbereitet war. Obwohl ich nach 54 Löchern noch in Führung lag, erkannte ich auf den letzten 9 der dritten Runde, daß mein Spiel einfach nicht »stark« genug war, um alle Schläge so zu spielen, wie ich sie mir vorstellte.

Auf den ersten 9 der Schlußrunde ging noch alles gut; auf den zweiten 9 aber, unter Druck spielend, machte ich dann den verhängnisvollen Fehler, Dinge zu versuchen, zu denen ich physisch einfach nicht in der Lage war. Ich riskierte Schläge, die ich mir zwar klar vorstellen konnte, aber monatelang nicht geübt hatte; anstatt die nicht ganz idealen Schläge zu spielen, die ich beherrschte.

Das passiert auf der Tour genauso immer wieder wie bei einem Wochenendgolfer, vor allem natürlich bei jüngeren, unerfahrenen Spielern. Das sind dann die Spieler, die nach zwei oder drei Runden wie die sicheren Gewinner ausschauen und dann am Schluß völlig zurückfallen.

Oftmals gewinnt man selbst in Wirklichkeit nicht so viel, wie die anderen verlieren

Sie fallen nicht zurück, weil sie schlechte Spieler sind – sie müssen schon gut sein, um überhaupt so weit zu kommen. Der Grund für das schlechte Spiel ist vielmehr Mangel an Erfahrung, auch unter Druck objektiv zu denken und zu handeln, so daß man sich bei den einzelnen Schlägen zu viel zutraut. Und das kann zu einem richtigen Teufelskreis werden, weil man – auch als alter Hase – dann versucht, die Fehler dadurch auszugleichen, daß man immer mehr von sich verlangt und immer riskanter spielt.

Mangel an Geduld

Ein weiterer Fehler unter Tour-Spielern und noch viel stärker bei Handicap-Golfern ist Mangel an Geduld. Es mag abgedroschen klingen, aber es ist trotzdem wahr: Man kann einen guten Score nicht erzwingen und schon gar nicht einen zum Gewinnen. Das Beste, was man im Golf tun kann, ist sich den für eine gegebene Situation idealen Schlag klar vorzustellen (was allein schon ein Kunststück ist) und ihn dann nach bestem Können entsprechend auszuführen. Einige dieser Schläge mögen gelingen, andere nicht; und nur mit viel Geduld werden Sie diese Tatsache einsehen und akzeptieren. Tun Sie das aber nicht – haben Sie also keine Geduld – dann bleibt Ihnen nur die Verzweiflung oder zumindest eine starke Aggressivität, und damit hat, solange ich denken kann, noch niemand ein Turnier gewonnen.

Starke Aggressivität

Auch übergroße Aggressivität ist ein unter den Tour-Spielern weit verbreiteter Fehler. Meiner Ansicht nach resultiert sie besonders unter den jüngeren noch mehr unüberlegten Spielern aus mangelndem Verständnis dafür, daß man zum Gewinn einer Meisterschaft mehr benötigt als einen guten Schwung – man braucht auch Erfahrung. Schon so mancher kam als überaus erfolgreicher Amateur und College Player zur Tour mit soviel Selbstvertrauen und einem so starken Willen zum Sieg, daß er an nichts anderes denken konnte als »Angriff«! Aber die Tour ist zuerst einmal eine ganz andere Klasse und zum zweiten ein Kampf, bei dem man oft selbst in Wirklichkeit gar nicht so viel gewinnt, wie die anderen verlieren.
Sie müssen wissen, wann eine 71 ein hervorragender Score ist und wann eine 68 gar nicht so viel bedeutet. Man muß die Situation richtig erkennen und interpretieren und man muß auch eine Ergebnistafel richtig lesen können, um daraus dann abzuleiten, wann man aggressiv spielen sollte und wann nicht. Selbst Arnold Palmer hat sich in seinen besten Tagen diesem Zwang unterworfen und es war – wie er selbst zugab – eine der härtesten Lektionen seines Lebens.

Wenn man mit dem Platz nicht »fertig« wird

Ein ähnliches Problem – auch wieder abhängig von der persönlichen Erfahrung – besteht in der Fähigkeit, den Platz richtig zu spielen – besser gesagt, mit ihm »fertig zu werden«. Selbst viele Tour-Spieler haben das nicht richtig begriffen. Man kann meine These an ganz einfachen Beispielen erläutern. So muß man sehen, wann und warum man an einem Abschlag ein Eisen 3 und keinen Driver nehmen, warum man wegen der Gefahr eines Hindernisses einen Annäherungsschlag so und nicht anders spielen und warum man einen Schlag aus einer bestimmten Art Sand auf eine besondere Art und Weise schlagen sollte. Die wirklichen Spitzenspieler wissen das ganz genau und handeln auch danach; wogegen weniger erfolgreiche Kollegen anscheinend glauben, nur weil sie Pros sind, an einem Par-4-Loch nichts anderes als einen Drive schlagen und selbst bei einer gefährlichen Position der Fahne mit ihrem Annäherungsschlag in jedem Fall aufs Loch gehen zu müssen.

Üben ohne Plan und Ziel

Einen weiteren gedanklichen Fehlschluß auf der Tour – und natürlich auch bei den Handicap-Golfern – könnte man als das »Bälle-Prügeln-Syndrom« bezeichnen.
Ein junger Golfer, dessen Spiel noch im Aufbau ist, kann natürlich gar nicht genug Bälle schlagen. Hat der Golfer aber erst einmal einen sicheren allround Standard erreicht, dann hängt sein weiterer Fortschritt viel mehr von der Qualität seines Übens ab als von der Quantität. Das »Bälle schlagen« kann also per se nur einen Sinn haben, wenn man damit einen ganz bestimmten Zweck verfolgt und sich vorher darüber im klaren ist, was man damit letzten Endes erreichen will.
Deshalb ist auch mein Üben immer am erfolgeichsten nach einer tatsächlich gespielten Turnierrunde. Die Fehler sind dann noch frisch in der Erinnerung und ich kann mich auf dem Übungsplatz ganz speziell auf sie konzentrieren. Manchmal treibe ich es sogar so weit, daß ich die Fehler und ihre Korrektur für zukünftige Fälle zu Papier bringe; und im schlimmsten Fall bitte ich meinen Caddie, mich am nächsten Tag vor dem Üben daran zu erinnern, auf meine Kopfhaltung zu achten, auf meinen Griff, die Hüften oder was immer mir sonst Kummer machte.
Man kann auf der Tour oft beobachten, wie weniger erfahrene Pros sich gegenseitig mit Rat und Tat zu helfen versuchen; und es überrascht mich immer wieder, wie leicht sie den Ratschlag des anderen akzeptieren. Das geschieht sicher alles aus Freundschaft und dem Interesse an den gemeinsamen Problemen; man sollte damit aber doch vorsichtig sein, denn was für den einen gut ist, muß ja bekanntlich für den anderen noch lange nicht ebenso gut sein.
So haben auch die meisten Spitzenspieler früher oder später erkannt, daß es unmöglich ist, eine für alle Zeiten und alle Fälle gültige Konzeption des eigenen Spiels zu entwickeln, sei es durch das Schlagen zahlloser Übungsbälle oder auf eine andere Art und Weise. Ausgehend von einer erfolgreichen Grundform ihres Schwunges, arbeiten sie dauernd an bestimmten Modifikationen, um zeitweise ein bestimmtes Ergebnis zu erzielen; wobei sie sich darüber im klaren sind, daß diese Ergebnisse nur eine zeitlich begrenzte Gültigkeit haben und ihr Konzept also fortgesetzter weiterer Modifikationen bedarf. Haben Sie dieses Ergebnis dann auf dem Übungsplatz erzielt, so befreit Sie das von dem inneren Zwang, immer weiter Bälle zu schlagen, um dadurch langsam zu einer Maschine zu werden.

Ich glaube fest daran, daß die Menschen nur das am besten tun, was ihnen wirklich Freude macht

Übertreibung schafft Überdruß
Ein weiterer Fehler auf der Tour, für den der normale Golfer wahrscheinlich gern die Zeit hätte, besteht in zuviel Golf, sowohl in Turnieren als auch in der sogenannten freien Zeit.
Jeder Tour-Golfer hat seinem »Paten« gegenüber die Verpflichtung, an einer vertretbaren Zahl von Turnieren teilzunehmen. Letzten Endes ist er aber in erster Linie sich selbst gegenüber verantwortlich, weil Überbeanspruchung unweigerlich zu Leistungsabfall führt, woran niemand interessiert sein kann.
Es wird niemals einen Golfer geben – und das gilt genau so für weibliche Spieler – der dauernd in Höchstform spielen kann; denn wer Höhen anstrebt, muß auch Tiefen akzeptieren. So rührt ein großer Teil meines Erfolges höchstwahrscheinlich daher, daß ich diese Tiefen nicht nur akzeptiere, sondern sie sozusagen absichtlich für mich schaffe, indem ich mit Golf immer wieder aussetze und mich mit völlig anderen Sportarten oder sonstigen Dingen beschäftige. Die Tiefen sind also nichts Negatives, weil ich sie dazu benutze, mich äußerlich und innerlich auf den nächsten Höhepunkt vorzubereiten.
Ich stelle mich also zu bestimmten Zeiten immer wieder auf Höhepunkte und Höchstleistungen ein und benutze die übrige Zeit zur Erholung und zum Sammeln neuer Kräfte.
Viele Tour-Spieler scheuen sich leider davor, weil sie Angst haben, nach einer längeren Pause nicht mehr gewinnen zu können. Das ist aber ein Trugschluß. Wirkliches Können schwindet nicht in einer Periode der Ruhe, es wird sich vielmehr erneuern.
Natürlich muß man bei der Wiederaufnahme des Spiels eine gewisse Feinarbeit leisten; die Pause gibt einem aber neuen Auftrieb und eine positive Einstellung den neuen Herausforderungen gegenüber.

Man denkt an das Geld und nicht an den Schlag
Diese finanzielle Einstellung ist für mich heute natürlich leichter als für andere Spieler; ich hatte sie aber schon, lange bevor Geld für mich kein tägliches Problem mehr war. So bin ich überzeugt davon, daß es auch ein Fehler so mancher Tour-Pros ist, beim Golf nur ans Geld und nicht in erster Linie an das Spiel selbst zu denken.
Nun hatte ich allerdings das Glück, als Amateur so viel spielen zu können, daß Golf für mich immer im wesentlichen ein Spiel war, obwohl mein Lebensunterhalt 15 Jahre lang darauf basierte. Es war daher für mich allein um seiner selbst willen immer eine Freude; und ich glaube auch fest daran, daß die Menschen nur das am besten tun, was ihnen wirklich Freude macht.
Die Freude am Spiel hat mich dazu inspiriert und tut es nach wie vor, mein Bestes zu geben, wobei ich das Glück hatte, damit gleichzeitig viel Geld zu verdienen. Mit einer anderen Einstellung – »wieviel bringt mir jeder Schlag?« – wäre ich sicherlich sehr viel weniger erfolgreich gewesen.
Das ist im Grunde doch ganz einfach. Wenn Sie beim letzten Putt zum Gewinn am 72. Loch nur daran denken, daß dieser Putt 20000 Dollar wert ist, dann ist das eine erhebliche zusätzliche nervliche Belastung und Sie können sich dann unmöglich voll und ganz darauf konzentrieren, diesen entscheidenden Putt auch wirklich einzulochen.
Ich will damit sagen, daß die Konzentration auf das Spiel und den Kampf im Golf den Sieg und damit das Geld bringt, nicht aber der Gedanke an das finanzielle Ergebnis des Sieges.

Zu viele gesellschaftliche Verpflichtungen
Es gibt noch ein Problem, dem gegenüber gerade die Spitzenspieler immer auf der Hut sein müssen, dem man aber leider nur schwer ausweichen kann. Ich meine, daß die Tour einen als Lebensform zu sehr gefangen nimmt, als Gefahr für die eigene Persönlichkeit und die physische Konstitution. Die gesellschaftlichen Anforderungen des Turniergolfs können in vieler Hinsicht einen schlechten Einfluß ausüben. Wenn die Tour mehr oder weniger das ganze Leben darstellt – und das tut sie bei vielen – dann ist es nur menschlich, wenn man wenigstens ab und zu auch mal wirklich Spaß haben will; denn es schaut doch oft so aus, als ob der Spaß nur für die anderen reserviert sei. Diese freundlichen und enthusiastischen Begleitpersonen der Turniere vergessen nur leider zu oft, daß Golf sich in einem sehr entscheidenden Punkt von keiner anderen Sportart unterscheidet, daß der Spieler sich nämlich psychisch und physisch permanent fit erhalten muß. So vergessen die Spieler bei diesen gesellschaftlichen Einladungen dann leicht, daß die betreffende Turnierwoche für den freundlichen Gastgeber *das* Ereignis des Jahres ist, daß sich dieses Ereignis für den Spieler selbst im Laufe des Jahres aber 20, 30 oder gar 40 mal wiederholt. Jeder Sportler muß auch mal über die Stränge hauen; sonst wäre das Leben ja zu trostlos. Die Gefahr liegt nur darin, daß man sich daran gewöhnt, *jeden* Drink und *jede* Einladung zum Dinner oder *jede* Tour in den Lieblings-Nachtclub eines Gastgebers zu akzeptieren.
Spieler, die im Grunde ihres Herzens mit der von der Tour aufgezwungenen Lebensweise unzufrieden sind – und das sind viele –, sind für diese Versuchungen natürlich besonders empfänglich. Ihr Familienleben mag aus den Fugen sein, Langeweile und Nervosität melden sich, nicht zuletzt auch der Überdruß an zuviel Golf. Bewußt oder unbewußt macht sich bei ihnen das Gefühl breit, daß sie im Leben etwas verpassen, weil es nur aus Golf besteht. Sie sind also von Grund aus unzufrieden mit sich selbst und finden ihren Daseinszweck nur noch auf dem Golfplatz.
Ein Psychiater würde bei den meisten Tour-Spielern feststellen, daß nur diejenigen gegen diese Einflüsse und Gefahren gefeit sind, die sich ein Leben und Lebenswerte außerhalb des Golfs aufgebaut haben. Diese wenigen sind in der Lage, das Wichtige vom Unwichtigen zu unterscheiden und sie wissen, daß Golf – oder irgend eine sonstige spezielle Beschäftigung – einen normalen Menschen niemals allein völlig befriedigen kann, gleichgültig wie erfolgreich er in dieser Beschäftigung sein mag oder wie stark sein Streben ist, erfolgreich zu sein. Die meisten der erfolgreichen und innerlich ausgeglichenen Spieler der Tour sind glücklich verheiratet, haben eine Familie und eher ein paar wirklich gute Freunde als tausende von Bekannten. Sie haben ausgeprägte Interessen an Dingen, die mit Golf nichts zu tun haben, so wie Arnold Palmer mit seinem Fliegen, Gary Player mit Pferdezüchten und Gene Littler mit antiken Automobilen. Kurz gesagt, ihr Leben ist ausgeglichen.

Psychologische Aspekte 4:

Was man aus den Fehlern der Amateure lernen kann

Da ich kein Lehrer bin und bei meinem Golf natürlich andere Probleme habe als die meisten Handicap-Spieler, sind Ratschläge über die richtige innere Einstellung zum Spiel für mich nicht ganz leicht. Deshalb habe ich den Ausführungen in diesem Buch meine eigene innere Einstellung zu Grunde gelegt und überlasse es dem Leser bzw. der Leserin, das für ihn oder sie Nützliche und Sinnvolle herauszugreifen.

Andererseits begegnen mir in den Pro-Ams Golfer aller Spielstärken, und ich kann meine älteren Buben mehr und mehr in Amateurturnieren beobachten. Darum nun hier ein paar Worte über gedankliche Konzepte, wie sie bei vielen Handicap-Golfern anzutreffen sind.

Wenn Sie das Golf nicht ausschließlich als Körpertraining betreiben, dann sollten Sie niemals auf einen Übungsplatz gehen, ohne sich Zweck und Ziel dieses Übens vorher genau überlegt zu haben. Ist das nämlich nicht klar, so stellen Sie sich bitte nicht hin und knallen Sie etwa 800 Bälle in die Gegend in der Hoffnung auf ein Wunder. Denn selbst wenn Sie im Lauf dieser Prozedur eine »Eselsbrücke« finden, dann wird sie sicher nur ein paar Stunden wirksam sein, weil

Stellen Sie beim Üben vor dem Spiel niemals Ihren Schwung um und versuchen Sie auch nicht, einen alten wieder hervorzuholen

Sie nicht verstehen, warum sie Ihnen geholfen hat. Gehen Sie also lieber zu einem Professional und nehmen Sie so lange Stunden, bis Sie es verstanden und eingesehen haben, warum man einen Golfschläger so und nicht anders greifen und schwingen muß.
Stellen Sie beim Üben vor dem Spiel niemals Ihren Schwung um und versuchen Sie auch nicht, einen alten wieder hervorzuholen. Radikale Schwungänderungen sollte man nur während einer längeren Arbeit auf dem Übungsplatz vornehmen, der aber nicht ein ernsthaftes Spiel unmittelbar folgen darf. Jede größere, noch nicht völlig verdaute Schwungänderung wird dann bei dem Versuch, einen guten Score zu erzielen, mit Sicherheit versagen.
Zum Schluß sind Sie dann noch unsicherer und frustrierter, als wenn Sie Ihren gewohnten, wenn auch nicht perfekten Schwung beibehalten hätten. Ziel des Übens vor dem Spiel kann es nur sein, die Muskeln zu lockern sowie das richtige Timing zu finden und das für diesen Tag optimale Schwunggefühl zu erlangen.

Sie sollten immer ein paar gute Schwunggrundsätze in der »Schublade« haben
Jeder Tour-Spieler hat einige Schwunggrundsätze in seiner gedanklichen »Schublade« verstaut, die er im Notfall herausholt, um sein Spiel in Fluß zu halten. Beim Üben vor der Runde wird er sich im Zweifel auf einen dieser Grundsätze konzentrieren, und sein Spiel zumindest an diesem Tag danach ausrichten. Versuchen Sie, das zu kopieren, indem Sie auf Erfahrungen aus Ihrer erfolgreichsten Zeit zurückgreifen. Falls nötig, sollten Sie dieselben sogar schriftlich fixieren. Seien Sie in der praktischen Anwendung auf der Runde aber vorsichtig; denn die meisten Menschen können sich in einem bestimmten Zeitpunkt auch nur auf eine bestimmte Sache konzentrieren.

Verlassen Sie sich unter Druck nur auf Ihre altbewährten Schläge
Unabhängig von Ihrer Spielstärke werden Sie unter Druck immer noch die besten Aussichten auf einen Erfolg haben, wenn Sie sich auf den Schwung und die Schläge beschränken, mit denen Sie in der Vergangenheit die besten Erfahrungen gemacht haben. Geht es hart auf hart, ist es unsinnig, etwas völlig Neues auszuprobieren, das die eigenen Fähigkeiten im Zweifel bei weitem übersteigt. Und läuft das Spiel dazu womöglich noch schlecht, dann sollten Sie erst recht auf Nummer sicher gehen. Spielen Sie also von Haus aus einen Slice und können Sie den Ball damit mehr oder weniger sicher auf der Bahn halten, so bleiben Sie nur dabei und versuchen Sie ja nicht, plötzlich einen hübschen kleinen Draw zu fabrizieren. Wie immer Sie in der Vergangenheit bewußt oder unbewußt geschwungen haben, es wird für Sie in kritischen Situationen die beste Methode sein.

Mehr Konzentration auf das Spiel und nicht so sehr auf den Schwung
Je weniger Ihre Gedanken darum kreisen, wie Sie den Schläger wohl am besten schwingen könnten, bevor Sie überhaupt am Ball stehen, desto mehr können sich Nerven und Energie auf das Spiel selbst und seinen Ablauf konzentrieren. Das aber wird im Endeffekt einen besseren Score zur Folge haben.
Golf besteht in seiner Planung und Durchführung doch hauptsächlich daraus, daß ich die typographischen und klimatischen Charakteristika eines Loches erkenne, sie analysiere und daraus die beste Methode ableite, diese Aufgabe im Rahmen meiner Fähigkeiten zu lösen, um dann den so konzipierten Schlag auch entsprechend auszuführen. Denken Sie aber immer nur an den letzten dieser drei Faktoren – also die Ausführung des Schlages – so kommen die für einen guten Score ganz entscheidenden beiden ersten zwangsweise zu kurz. Sie zäumen das Pferd also gewissermaßen von hinten auf. Ein drastisches Beispiel zur Illustration dieser These ist der Spieler, der mit einem wunderbaren Schwung einen großartigen Schlag vollbringt, leider aber mit dem falschen Schläger und in die falsche Richtung. Hinterher ist er dann höchst erstaunt, daß der Ball tief im Wald und meilenweit vom Grün entfernt ist. Der Ärmste ist so ausschließlich mit seinem Schwung beschäftigt, daß er für die Beurteilung dessen, was er mit diesem Schwung erreichen will, keinen Gedanken mehr übrig hat.

Schalten Sie zwischen den einzelnen Schlägen ab
Seien Sie sich darüber im klaren, daß Konzentration kein »Dauerzustand« ist. Es ist vielmehr eine spezielle, geistige Anspannung für Planung und Ausführung eines einzelnen Schlages; aber erst dann, wenn er wirklich ausgeführt werden soll. Daher die alte Binsenwahrheit, daß man immer nur »einen Schlag auf einmal« spielen kann. Meine eigenen Gedanken kreisen auf der Runde ganz sicher nicht die ganze Zeit ums Golf. Ich lasse meine Gedanken zwischen den einzelnen Schlägen ruhig etwas herumwandern, wohin es ihnen immer gefällt, und ich kann diese Methode nur empfehlen.

Versuchen Sie keine Schläge, die Ihre Grenzen überschreiten
Seien Sie doch realistisch! Es gibt Schläge, die Sie wahrscheinlich beherrschen, andere, die Ihnen vielleicht gelegentlich gelingen und solche, die Sie ganz bestimmt *nicht* spielen können. Ich kann mich an kein einziges Pro-Am-Turnier erinnern, in dem nicht wenigstens ein Amateur bei einer Gelegenheit etwas versucht hat, was seine Fähigkeiten bei weitem überstieg. Und ich erinnere mich an verschiedene Amateur-Partner, die mehrfach Schläge versuchten, die *niemandem* gelingen würden. Das ist schiere Dummheit; nicht nur in bezug auf die Auswirkung auf den Score, sondern auch auf das eigene Selbstvertrauen.
Aber was ist realistisch? Bei einem Handicap von 14 ist auf einem Platz mit Par 72 ein Score zwischen 82 und 90 realistisch. Versuchen Sie jedoch, eine 76 zu erzwingen, so ist das nicht nur unrealistisch, sondern Sie werden darüber hinaus aller Voraussicht nach dann eher in der Nähe einer 96 landen.
Eine realistische Einstellung bedingt nicht, daß man sich in

Eine Verbesserung Ihres Spiels liegt in dem kleinen Unterschied zwischen Ihren besten und Ihren schlechtesten Schlägen

kritischen Situationen ausschließlich konservativ verhalten soll; man sollte vielmehr versuchen, kritische Situationen überhaupt zu vermeiden, indem man sich nach den Angaben auf der Zählkarte richtet. Sobald nämlich die Vorgabenzahl an einem Loch unter Ihrem Handicap liegt, ist Ihr Par in diesem Loch in Wirklichkeit ein Bogey. Das bedeutet keineswegs, daß Sie nicht ein Par anstreben können; Sie sollten nur nicht erwarten, daß Ihnen dieses Par dauernd gelingt, bevor Sie nicht intensiv an Ihrem Spiel gearbeitet, Ihre Sicherheit erhöht und Ihr Handicap gesenkt haben.
Lassen Sie mich Ihnen noch einen anderen Weg zu realistischem Golf zeigen. Sie werden zugeben, daß jeder Schlag im Golf mit einem gewissen Risiko verbunden ist. Das Maß des Risikos hängt natürlich von der Spielstärke des betreffenden Golfers ab; wobei jeder einzelne das zumindest ungefähr für sich abschätzen kann. Nehmen wir mal »A« für hohes, »B« für mittleres und »C« für ein niedriges Risiko.
Bei Anwendung dieser Einteilung wird ein realistisch denkender Golfer einen »A«-Schlag nur dann riskieren, wenn er besonders gut in Form ist; den »B«-Schlag wahrscheinlich in der Mehrzahl der Fälle spielen und sich an einem schlechten Tag für den »C«-Schlag entscheiden. Erleben Sie in der Regel ein bis zwei Katastrophen pro Runde, so sollten Sie auf jeden Fall der »C«-Version den Vorzug geben.

Zu den großen Turnieren in Höchstform sein
Als Realist akzeptieren Sie auch die Tatsache, daß das Spiel immer Höhen und Tiefen aufweist – eine konstante Spielstärke ist ein Ding der Unmöglichkeit. Für junge Tour-Spieler ist diese Erkenntnis manchmal recht schmerzlich. Schlägt das Pendel bei Ihnen nach einem großen Erfolg wieder zurück, dann sind Sie deprimiert; und ich fürchte, daß es vielen Handicap-Golfern ganz ähnlich ergeht. Ich kann Ihnen dazu nur raten, Ihre Formschwankungen nicht so sehr zu bekämpfen, als sie vielmehr nach Möglichkeit unter Kontrolle zu halten. Versuchen Sie, bei wichtigen Anlässen in Höchstform zu sein, akzeptieren Sie aber gleichzeitig, daß diese Höchstform kein Dauerzustand sein kann. So konzentriere ich meine Bemühungen auf die großen Meisterschaften eines Jahres und vielleicht noch ein paar weitere wichtige Turniere. In Ihrem Fall könnten es die offenen Wettspiele Ihres Clubs und die Clubmeisterschaft sein.
Sie werden vielleicht nicht gleich der große Sieger sein, so wie auch ich häufiger nicht gewonnen habe; aber Ihre Chancen sind jedenfalls sehr viel besser, als wenn Sie versuchen, im Frühjahr in Höchstform zu kommen und das dann über das ganze Jahr hinweg aufrecht zu erhalten.

Lassen Sie sich durch die Schläge der Gegner nicht beeindrucken
Sie haben vielleicht schon bemerkt, daß Tour-Spieler nur höchst selten auf die guten oder schlechten Schläge ihrer Mitspieler reagieren, selbst wenn jeder in der betreffenden Gruppe eine Siegeschance hat. Das liegt daran, daß Turnier-Spieler eigentlich immer gegen den Platz und fast nie gegen den Mitbewerber spielen. Für ein Zählwettspiel ist das sicherlich die beste Einstellung; aber auch für das Lochwettspiel eine vielfach bewährte Strategie.
Wenn Sie nicht absichtlich unfaire Tricks anwenden, dann können Sie Ihrem Gegner nur durch Ihre Schlagzahl pro Loch imponieren; und es ist der Platz, der für diese Schlagzahl entscheidend ist, nicht Ihr Gegner. Je stärker Sie gefühlsmäßig auf das Spiel des Gegners reagieren, desto weniger sind Sie in der Lage, für die eigenen Entscheidungen einen klaren Kopf zu bewahren.

Verringern Sie die Kluft zwischen Ihren besten und schlechtesten Schlägen
Es ist nur allzu menschlich, daß man sich über die eigenen guten Schläge freut und sich über die schlechten ärgert. Je mehr es aber gelingt, zwischen diesen beiden Gefühlsregungen einen Ausgleich zu erzielen, desto besser wird der Score – vor allem im Zählwettspiel. Erreichen wird man diesen Ausgleich aber nur, wenn man zwei harte Tatsachen akzeptiert. Erstens – Golf ist kein absolut »faires« Spiel und wird es nie sein; das Glück wird immer ein wichtiger Faktor bleiben, auf den Sie keinerlei Einfluß haben.
Und zweitens – als Mensch, der fehlt, werden Sie neben den guten immer eine gewisse Anzahl schlechte Schläge spielen. Sie können also Ihr Spiel nur verbessern – und siegen –, wenn es Ihnen gelingt, die Kluft zwischen Ihren besten und schlechtesten Schlägen zu verringern. In einem Golfclub ist das der effektive Unterschied zwischen einem Handicap-4- und einem Handicap-8-Spieler, auf der Tour zwischen dem, der regelmäßig in der Spitzengruppe liegt und demjenigen, bei dem es auf und ab geht.

Wie überwindet man Formtiefs?
Golf ist wahrscheinlich das Spiel, bei dem man am leichtesten aufgeben kann, aber es ist auch das größte, wenn es darum geht, *nicht* aufzugeben.
Die häufigste Form des »Aufgebens«, die ich bei Tour-Spielern und bei meinen Pro-Am-Partnern beobachten kann, besteht darin, daß widrige Umstände – also sogenanntes Pech – den Spieler zu einer fatalistischen Einstellung verführen. Er wird sich beim Ansprechen des Balles vielleicht noch auf seinen Schwung konzentrieren; aber er ist über seine eigenen Fehler oder das angeblich erlittene Unrecht so verärgert und deprimiert, daß er seine Schläge gar nicht mehr überlegt. Er wird daraufhin noch tiefer im Dschungel landen, noch deprimierter und noch wütender werden, weiter in den Kakao schlagen, bis er am Ende das Handtuch wirft und nur noch »Hockey spielt«.
Meine Hilfe gegen diese Art Selbstzerfleischung liegt in der Einsicht, daß Formhochs und Formtiefs sich letzten Endes immer wieder ausgleichen. Aber auch der eigene Stolz sollte einen derartigen Zusammenbruch ausschließen. Wenn ich mich schon über das Auslassen eines Schlages oder eines ganzen Loches geärgert habe, so zwingt mich die eigene Selbstachtung dazu, mich nun umso mehr anzustrengen, schon allein, um mich nicht in den Ärger hineinzusteigern. Diese Einstellung hat mir in scheinbar hoffnungslosen Situationen verschiedene Male zum Sieg verholfen und mich auch aus zeitweisen Formtiefs herausgeführt.

B
A
B
467 YDS
PAR 4
A
a
b
c

Psychologische Aspekte 5:

Wie kann man regelmäßig unter 90 spielen

Golf verlangt vom Spieler zwei eng miteinander verbundene und dennoch unterschiedliche Fähigkeiten: Einmal muß man rein physisch in der Lage sein, den Ball zu schlagen. Zum anderen muß man das Geschehen auf dem Platz erkennen und beurteilen, man muß denken und planen, taktisch und strategisch – kurz gesagt, man muß für einen guten Score eine Runde sozusagen »bewältigen«.
Wie gut Sie auch immer beim Schlagen des Balles sein mögen, Sie werden nie erfolgreich sein, wenn Sie das zweite Element nicht ebenfalls beherrschen. Sie können Ihr Spiel aber in dem gleichen Maß erheblich verbessern, indem Sie es lernen, sich selbst und den Platz wirklich zu beherrschen. Meine eigene Karriere ist ein sprechender Beweis dafür, und ich würde von mir selber sagen, daß mein taktisches und strategisches Wissen größer sind als die Fähigkeit, den Ball zu schlagen. Man hat deshalb auch häufig behauptet, daß ich auch mit an sich schlechtem Spiel noch gewinnen könnte. Das stimmt zwar nicht ganz; aber ich habe manches Turnier gewonnen, obwohl meine Schläge nicht überragend waren, aber ich habe sicher niemals gewonnen – selbst mit den schönsten Schlägen – wenn es mir nicht gelang, mich selbst und den Platz zu beherrschen.
Das sind die psychologischen Aspekte, die meiner Ansicht nach entscheidend dafür sind, ob ein Spieler im Golf Erfolg haben wird. Man kann sicher sagen, daß die 40 bis 50

Wägen Sie bei Ihrem Spiel die potentielle Schwierigkeit des Schlages gegen die potentielle Gefahr und Höhe einer »Strafe« ab

Besten der Pro-Tour den Ball alle sehr gut schlagen können, und trotzdem ist es nur eine Handvoll, die regelmäßig gewinnt oder zumindest in der Spitzengruppe liegt. Ihnen gelingt es eben, sich selbst und den Platz zu beherrschen.
Genau das gleiche gilt für das Golf der Durchschnittsspieler Innerhalb einer Gruppe von Spielern, die alle den Ball etwa gleich gut schlagen, werden meistens einer oder zwei regelmäßig einen besseren Score als die übrigen haben, weil sie sich und ihr Spiel besser in der Gewalt haben.
Ich möchte aber bei Ihnen keine falschen Hoffnungen wecken. Will man die 90 regelmäßig brechen, so muß man den Ball schon einigermaßen schlagen können – und zwar nach Möglichkeit geradeaus und nicht krumm und schief. Beherrschen Sie den Schlag als solchen aber noch nicht, dann bleibt Ihnen nichts anderes übrig, als an Ihrer Schwungtechnik zu arbeiten und zwar am besten unter der Anleitung eines erfahrenen Lehrers. Treffen Sie dagegen den Ball schon gut genug, um gelegentlich unter 100 zu spielen, so haben Sie bei gleicher Schlagkraft gute Chancen, auch die 90 zu brechen. Ich will versuchen, Ihnen das zu erklären.
Jedem Spieler macht es Spaß, einen langen Ball zu schlagen. Viele Golfer aller Spielstärken riskieren durch diesen Spaß aber ihren Score. Sie haben es nicht gelernt und deshalb auch nie eingesehen, daß Golf tausendmal mehr Präzision als Kraft verlangt.
Nehmen wir mal mein eigenes Beispiel. Mit meinem besten Schwung kann ich den Ball mehr oder weniger gerade ca. 240 Meter weit schlagen. Rein physisch könnte ich ihn noch 20 Meter weiter schlagen, aber dann wächst die Gefahr, daß ich ihn nicht mehr sauber treffe. Ich gehe also wirklich nur dann »in die Vollen«, wenn der potentielle Gewinn das Risiko übersteigt, also zum Beispiel an einem weit offenen, harmlosen Par-5-Loch. Bei allen anderen Gelegenheiten rangiert Präzision weit vor Kraft, und ich halte mich streng innerhalb meiner naturgegebenen Möglichkeiten, sowohl vom Abschlag als auch beim Schlag zum Grün.
Gehören Sie zu denen, die auf die 90 zielen, so liegt die Gefahr nahe, daß Sie meistens »zu weit« wollen, sei es aus Größenwahn oder törichter Hoffnung. Sie werden Ihren Ball besonders vom Abschlag zu oft zu hart schlagen und damit das Desaster heraufbeschwören, bevor Sie das Loch überhaupt richtig angefangen haben.
Nach meiner Erfahrung aus Pro-Ams ist das unter Amateuren mit höherem Handicap der häufigste Grund für den Ruin einer Runde. Die Abhilfe erfordert einen der schmerzlichsten Prozesse für den Spieler, nämlich die Realität und die eigenen Grenzen zu akzeptieren. Sie sind einfach nicht in der Lage, den Ball so weit zu schlagen, wie Sie es gerne hätten und ihn außerdem auch noch auf der Bahn zu halten. Diese Tatsache ist sicher keineswegs erfreulich; je eher Sie sich aber darauf einstellen, desto schneller wird sich Ihr Score verbessern.
Lassen Sie mich Ihnen dabei helfen. Nehmen Sie einen Schläger nach dem anderen aus Ihrer Tasche, bis Sie den in der Hand halten, mit dem Sie den Ball regelmäßig auf der Bahn halten können. Und nun spielen Sie ein paar Runden allein und nehmen Sie diesen Schläger anstelle des Drivers vom Abschlag. Ist es ein Holz 5 oder ein Eisen 4, so schwingen Sie es auch ganz normal, wie Sie ein Holz 5 oder ein Eisen 4 sonst schwingen würden. Lassen Sie sich nicht dazu verleiten zu prügeln, als ob es ein Driver wäre. Bei den Schlägen zum Grün nehmen Sie dann jeweils einen stärkeren Schläger, als Sie es an sich vorhatten, also ein Eisen 6 anstelle der 7 – oder eine 5 anstelle der 6. Und auch hier wieder: Nicht prügeln, sondern ruhig schwingen!
Haben Sie es erst einmal geschafft, die Länge Ihrer Schläge realistisch einzuschätzen, so sollten Sie als nächstes versuchen, Ihrem ganzen Golf gegenüber die gleiche Einstellung zu bekommen.
Spielen Sie also zur Zeit so um die 100, so werden Sie nicht über Nacht plötzlich eine 70 schießen. Das wird Ihnen vielleicht irgendwann einmal gelingen. Das nächste Ziel sollte für Sie aber eine realistische, erreichbare – sagen wir mal – 89 sein, oder vielleicht ein, zwei Schläge besser.
Wenn man von gerade unter 100 oder den hohen 90ern auf unter 90 kommen will, so bedingt das nicht mehr Birdies oder Pars – das wäre schon wieder unrealistisch –, es bedingt vielmehr eine Verringerung der totalen Katastrophen – wie Löcher in 3 oder 4 über Par. Das ist realistisch.
Ihre innere Einstellung gegenüber Par wird für den zukünftigen Erfolg sehr wichtig sein. Spielen Sie jetzt normalerweise so um die 100, dann hat ein Loch von etwa 420 Metern mit einer Aus-Grenze und 5 Bunkern für Sie eben kein Par-4, wie es auf der Karte steht, sondern 5 oder gar 6.
Versuchen Sie, das Loch in 4 zu spielen, so wird der innere Druck allein – vom äußeren physischen gar nicht zu reden – leicht zu einem Desaster führen. Planen Sie und spielen Sie auf eine 5 oder 6, und Sie haben eine gute Chance, das zu erreichen, was in Wirklichkeit Ihr Par ist (mit einem guten Putt vielleicht sogar einen darunter), weil Sie nicht mehr versucht haben, als Sie mit gutem Gewissen anstreben konnten.
Dieses Beispiel von dem schwierigen Par-4-Loch ist auch auf alle anderen anwendbar. Geben Sie sich Loch für Loch Ihr eigenes persönliches Par, und Sie werden überrascht sein, wie sehr sich Ihr Score verbessert, ohne daß Sie die Bälle besser schlagen.
Bleiben Sie aber durch zu viele Katastrophen mit Ihrem Score nach wie vor auf der falschen Seite der 90, dann versuchen Sie doch mal folgendes: Geben Sie jedem Schlag, den Sie spielen, von der Bahn oder aus dem Rough, einen speziellen Schwierigkeitsgrad von A, B oder C. Liegen Sie nun zum Beispiel im Rough mit einem Wasserhindernis zwischen Ihnen und dem Grün, dann wäre eine Holz 3 »Attacke« ein A-Schlag; ein Eisen 5 vor das Wasser ein B-Schlag und ein Eisen 9 rückwärts auf die Bahn ein C-Schlag. Bevor Sie sich nun für eine der drei Möglichkeiten entscheiden, bringen Sie Ihre derzeitige Spielstärke (nicht die in zwei Jahren erhoffte!) in Relation zur Schwierigkeit des Schlages, der potentiellen Gefahr und der drohenden Strafe.
Das nennen die Pros »Percentage Golf«; und Sie werden sich in den meisten Fällen für den B- oder C-Schlag entscheiden. Einer der Hauptgründe dafür, daß die »über 100 Spieler« nicht die 90 brechen können, liegt darin, daß sie sich fast immer für den A-Schlag entscheiden.
Im Turniergolf der Pros sind Katastrophen im allgemeinen eine Frage der inneren Einstellung und nicht so sehr der

Wenn Sie Ihren Score ernsthaft verbessern wollen, dann sollten Sie vor allem an Ihrem kurzen Spiel arbeiten

Muskelkraft. Das fängt meistens mit einem schlechten Schlag an, oder der Ball springt unglücklich ab in eine schlechte Lage. Der Spieler will dann mit dem Recovery zu viel erreichen, sei es aus Ärger und Frustration oder in Überschätzung seines eigenen Könnens aus dem übertriebenen Bestreben heraus, möglichst keinen Schlag zu verlieren. Die Summe dieser Fehler kostet ihn im Zweifel mehr als einen Schlag.
Bei Spielern mit höherem Handicap passiert das dauernd. Ich fürchte, daß sie – abgesehen von ziemlich vagen Vorstellungen – einfach nicht wissen, was man mit einem Golfschläger und Ball machen und was man nicht machen kann. In Pro-Ams sehe ich immer wieder Amateure, die Schläge versuchen, von denen ich nicht einmal träumen würde, weil ich genau weiß, daß sie rein mechanisch unmöglich sind. Wenn so ein Spieler zum Beispiel ein Eisen 3 aus tiefem nassem Rough schlagen oder aus steil abfallender Lage ein Holz 3 über einen Baum spielen will, dann ist das einfach schwachsinnig.
Wenn Sie meinen, daß das auch bei Ihnen selbst der Grund für Katastrophen sein könnte, sobald Sie vom Fairway abgekommen sind, dann gebe ich Ihnen einen Tip, der Ihnen nicht nur bei diesem bestimmten Problem hilft, sondern Ihnen auch die Augen öffnet für das Verhältnis von Ursache und Wirkung im Golf.
Bevor Sie einen Schläger aus der Tasche ziehen, stellen Sie sich erst einmal an den Ball und schauen Sie sich seine Lage genau an. Durch dieses Ansprechen des Balles *ohne* Schläger bekommen Sie eine klare Vorstellung von der Schwierigkeit des betreffenden Schlages. Richten Sie sich danach! Je schwieriger der Schlag Ihrem Gefühl nach ist, desto schwerer ist er auch in Wirklichkeit. Wenn Sie das beim eigentlichen Schlag dann beherzigen, werden Sie sich manchen Ärger ersparen.
Ich habe in meiner ganzen Laufbahn immer einen Fade gespielt – einen ganz leicht von rechts nach links fliegenden Ball. Wenn Sie so um die 100 spielen, dann können Sie Gift darauf nehmen, daß es fast immer mit einem Slice geschieht – also der sehr viel stärkeren Version meines Fade.
Sie würden zweifellos eine bessere Chance haben, die 90 zu brechen, wenn es Ihnen gelingen könnte, das Nachrechtsabdrehen Ihrer langen Schläge zu verringern, oder noch besser, wenn Sie es lernen würden, einen Draw von rechts nach links zu spielen. Dazu müßten Sie aber Unterricht nehmen und ganz bestimmt erheblich üben. Paßt Ihnen das aber beides nicht, dann sollten Sie zumindest die Grenzen Ihres Könnens akzeptieren und sich an dieselben halten.
Spielen Sie also die meiste Zeit einen Slice, so zielen Sie bitte nicht auf die Mitte des Fairways oder Grüns, in der Hoffnung, daß der Schlag »dieses Mal« gerade sein würde. Er wird es nicht, denn es gibt keine Wunder im Golf! Richten Sie sich also auf die Mitte des Fairways aus, so werden Sie den Ball unweigerlich nach rechts in den Kakao slicen. Kompensieren Sie Ihren Fehler also lieber, anstatt ihn zu bekämpfen, indem Sie bei allen langen Schlägen nach links zielen, so daß der Ball dann nach rechts auf die Mitte der Bahn abdrehen kann. So können Sie die ganze Breite eines Fairways oder Grüns ausnützen. Das ist zwar nicht die eleganteste Art, Golf zu spielen; wenn Ihnen Ihre Score aber wichtiger ist, als das ästhetische Bild Ihres Schwunges, dann ist diese Art tausendmal besser, als sich dauernd an Steuerbord im Wald herumzutreiben.
Sollten Sie dagegen zu jenen seltenen Exemplaren gehören – die 100-Spieler mit angeborenem Hook –, dann müssen Sie die Prozedur natürlich umkehren, das heißt, nach rechts zielen und den Ball dann nach links zur Mitte der Bahn abdrehen lassen.
Die Pros nennen diese Methode »den A- nach B-Schlag spielen«. Es ist nämlich für jeden Golfer einfacher, den Ball in einem leichten Bogen zu schlagen; und bessere Spieler werden sich unter Druck, wenn der Ball um jeden Preis von A nach B muß, fast immer auf ihre »natürliche« Methode verlassen.
Es ist schon unzählige Male gesagt worden, aber es muß trotzdem immer wieder betont werden: Wenn Sie Ihren Score ernsthaft verbessern wollen, aber aus irgendeinem Grund nicht in der Lage sind, Ihren vollen Schwung zu verändern, dann sollten Sie vor allem an Ihrem kurzen Spiel arbeiten – den Schlägen zum Grün, am Grün und auf dem Grün.
Ich verbringe viel Zeit nützlich damit, daß ich eine Anzahl Bälle wahllos um das Puttinggrün in meinem Garten verteile und sie dann spiele. Sie können eine ruhige Stunde nach dem Essen an einem Sommerabend gar nicht besser ausfüllen, sei es im eigenen Garten oder auf einem leeren Golfplatz. Wiederholen Sie am Anfang den gleichen einfachen Chip so lange, bis Ihre Muskeln den Schlag fast im Schlaf ausführen. Dann das gleiche mit einem kurzen Pitch. Als nächstes in den Bunker und zwar so lange, bis Sie zumindest jeden Schlag heraus und auch auf das Grün bekommen. Wenn Sie das einigermaßen regelmäßig praktizieren können, dann wird sich Ihr Score bald verbessern.
Nach meiner Erfahrung in Pro-Am-Turnieren gibt es drei besondere Bereiche, in denen selbst eine nur leichte Verbesserung des kurzen Spiels viele Amateure sofort in die 80er bringen würde.
Als erstes würde ich meine hohen Handicap-Partner in den Bunker schicken. Sie kommen ja meistens alleine deshalb nicht aus dem Bunker heraus, weil ein Ball im Bunker Sie vor Angst paralysiert. Aber schlagen Sie mal nur eine Stunde lang unter dem Ball durch den Sand, und die Angst wird für immer verschwunden sein.
Als zweites müßten Sie lernen, daß ein ausrollender Ball leichter zu schlagen und zu kontrollieren ist als ein hochfliegender. So ist es ein unter hohen Handicap-Golfern weit verbreiteter Fehler, Bälle vom Grünrand hochzuspielen, anstatt sie flach zur Fahne ausrollen zu lassen.
Als letztes stehen lange Putts auf dem Stundenplan. Die Spieler müssen den fließenden Schlag lernen und sie müssen erkennen, daß bei langen Putts die richtige Länge viel wichtiger ist als die Richtung. Die Richtung werden Sie meistens rein gefühlsmäßig richtig einschätzen; die Kraft des Schlages aber muß sehr genau dosiert werden und dafür müssen Sie ein richtiges Gespür entwickeln.
Im Endeffekt aber gilt für Golf das gleiche, wie für alle anderen Lebensbereiche: Nur fortgesetztes Streben kann zum Erfolg führen. Wenn Sie die 90 wirklich brechen wollen, dann werden Sie sich so lange bemühen, bis Sie es geschafft haben. Und das nächste Ziel ist dann die 80 – und dann die 70. . . . und darum ist Golf so ein wundervolles Spiel.

J McQueen

Psychologische Aspekte 6:

Psychoanalyse der Superstars – Mobilisierung der psychischen Kräfte für den Sieg

Im bisherigen Teil des Buches habe ich versucht, Ihnen einen Einblick in meine eigene innere Einstellung zum Spiel zu geben. Als Abschluß wäre es nun sicher interessant und nützlich, einmal die Persönlichkeit und Charakterzüge der großen Golfer unter die Lupe zu nehmen. Ich bin ganz sicher weder ein Historiker noch ein Psychologe, aber es hat mir immer Freude gemacht, die alten Meister zu studieren und von ihnen zu lernen; und natürlich hat auch der Kampf gegen die großen Golfer unserer Tage bei mir bleibende Eindrücke hinterlassen.

Der erste wirkliche Superstar im Golf, der als erster die offenen Meisterschaften auf beiden Seiten des Atlantik gewann, war Harry Vardon. Nach allem, was ich über ihn gelesen und gehört habe, war seine anscheinend mühelose Sicherheit vom Abschlag bis zum Grün geradezu unwahrscheinlich. Er hat nie ein Turnier wegen physischer Schwäche verloren, und er konnte den Ball mit dem Brassie (Holz 2) in 7 von 10 Fällen bis auf 5 Meter an die Fahne spielen. Diese Erfolge bedingen natürlich einen makellosen Schwung, aber sie sind sicher nicht zuletzt auch auf seine innere Einstellung zum Spiel zurückzuführen. Nach den Berichten der Chronisten war Vardon ein sehr ausgeglichener Charakter – ähnlich wie Julius Boros in den letzten Jahren, der so veranlagt war oder eine derartige Selbstdisziplin

Hagen: »Ich habe niemals eine Runde von 18 Löchern fehlerfrei gespielt. So etwas gibt es gar nicht.«

besaß, daß ihn auf dem Platz und auch sonst eigentlich nichts aus der Ruhe bringen konnte.
Ich befürworte keineswegs gleichgültige Abgestumpftheit, aber ich weiß aus eigener Erfahrung, daß einer der schlimmsten Fehler im Golf in dem Versuch besteht, das Spiel zu *erzwingen.* Ohne Geduld geht es nun mal nicht!
Es wird immer ein Auf und ein Ab geben, Glück und Unglück, erfolgreiche und erfolglose Tage.
Innere Ausgeglichenheit ist auch das beste Mittel gegen die zwei gefährlichsten Gefühlsregungen im Golf – die Angst, zu verlieren und die Angst, zu gewinnen. Golf war für Vardon sicherlich Lebensunterhalt und Vergnügen zugleich; aber nach allem, was ich von ihm gelesen habe, glaube ich nicht, daß Turniergolf für ihn das Leben schlechthin bedeutete.
Ob Sieg oder Niederlage, man hat bei ihm den Eindruck, daß es immer wieder einen neuen Tag gab, immer wieder ein neues Turnier.
Nichts wird die Muskeln eines Mannes lockerer und seinen Schwung ruhiger halten als eine solche innere Einstellung.

Hagen betrachtete jeden schlechten Schlag ganz realistisch

Walter Hagen war der erste große in Amerika geborene Professional; und obwohl er seiner Persönlichkeit nach das absolute Gegenteil von Vardon war, besaß er doch auch einen bewunderungswürdigen inneren Gleichmut. Wenn man alles das glaubt, was man über ihn hört und liest, dann war Hagen von allen Meistern am wenigsten mit einer von Natur aus erfolgreichen Schwungtechnik gesegnet. Seine Stärke lag auf einem anderen Gebiet. Er hat die Grenzen seines Könnens vor allem in bezug auf lange Schläge unbeschwert akzeptiert und sie kompensiert durch ein wunderbares kurzes Spiel, einen großartigen Kampfgeist und ein unerschütterliches Selbstvertrauen.
Seine Grundeinstellung, die ihn letzten Endes auch zum Meister werden ließ, ist in einem seiner bekanntesten Aussprüche enthalten: »Ich habe niemals eine Runde von 18 Löchern fehlerfrei gespielt. So etwas gibt es gar nicht. Ich rechne mit mindestens 7 Fehlern pro Runde. Deshalb ärgere ich mich auch nicht über einen schlechten Schlag. Es ist eben einer von den 7.« Diese realistische Einstellung ließ ihn unbeschwert an den nächsten Schlag, den nächsten Tag, das nächste Turnier denken.
Hagen ist auch ein Beispiel dafür, wie man sein Leben außerhalb des Golfplatzes in vollen Zügen genießen kann. Außerhalb des Platzes konnte er vollständig abschalten und hat sich sicher nicht zuletzt dadurch seine Begeisterung für das Spiel erhalten. Zuviel von etwas führt zu Überdruß – bei allen Menschen. Hagen ist niemals in diese Falle gegangen.

Sarazen hat seine kämpferische Natur nie verborgen

Gene Sarazen war in den 20er und 30er Jahren Hagens großer Rivale im Kampf um den ersten Platz in der Weltrangliste. Er war als Persönlichkeit völlig anders; aber eines verband die beiden – wie eigentlich alle großen Golfer –, und das war ein großartiger Kampfgeist. Viele kämpferisch eingestellte Menschen machen erhebliche Anstrengungen, diese Charaktereigenschaft vor anderen zu verbergen, weil sie fürchten, daß offen zur Schau getragene Aggressivität ihrer Popularität schaden könnte.
Vor allem in seiner Jugend bemühte sich Sarazen keineswegs, diese kämpferische innere Einstellung irgendwie zu verbergen, er benutzte sie im Gegenteil als eine psychologische Waffe. Der große Golfjournalist O. B. Keeler beschrieb diesen Charakterzug Sarazens sehr plastisch: »Wenn Gene gegen einen Golfer oder eine größere Anzahl antritt, so bewegen ihn nur zwei Gedanken: Wie viele Löcher brauche ich, um diesen Gegner zu schlagen oder wie groß ist mein Vorsprung am Schluß vor allen anderen?«
Sarazen am ähnlichsten in dieser Beziehung ist heute wahrscheinlich Hale Irwin. Er kann seine starke kämpferische Einstellung, seinen Willen zum Sieg überhaupt nicht verbergen – weder in seinem Gesicht noch in seinem ganzen Benehmen, und wenn es ganz hart auf hart geht sogar im Gespräch. Gleichgültig aber, ob er das zeigt oder nicht zeigt –, jeder Meister ist ein kämpferisch eingestelltes Wesen, ein Mensch, für den der Sieg einen guten Teil seines Lebensinhaltes ausmacht. Und wenn ich selbst es auch nicht offen zur Schau trage, so sitzt es in meinem Inneren doch genau so fest und zwar nicht nur im Golf, sondern bei jeder Herausforderung, bei jedem Kampf.

Jones lernte es, seine Nerven unter Kontrolle zu halten

In reiferen Jahren hat Bobby Jones nur selten irgendwelche Aggressivität gezeigt; andererseits hätte er seine unglaublichen Erfolge ohne einen starken Kampfgeist niemals erreichen können. In einem Punkt schlug er als Erwachsener wahrscheinlich alle Mitbewerber: Sein Kampfgeist gewann nie Oberhand über seine Selbstbeherrschung.
Unvernünftige und heftige Reaktionen aus Ärger und Enttäuschung sowie der Verlust der Übersicht über das Spiel sind die großen Probleme für einen dem Wettkampf verschriebenen Menschen, vor allem, wenn das Spiel nicht gut läuft. Intellekt und klare Wertmaßstäbe ermöglichten Jones gerade in schwierigen Situationen ein hohes Maß an Selbstbeherrschung. Er setzte jedesmal alles daran, zu gewinnen; gelang es ihm aber nicht, so konnte er die innere Erregung verbergen und zumindest nach außen die Niederlage elegant überspielen. Er sah eben ein, daß man nicht immer gewinnen kann und daß sich zweifellos noch viele Gelegenheiten ergeben würden.
Es steht wohl außer Zweifel, daß manche Menschen rein physisch für Golf bessere Voraussetzungen mitbringen als andere. So vereinte Bobby Jones in idealer Weise Kraft und Gelenkigkeit. Das gilt in gleich hohem Maß für Sam Snead; und beide gemeinsam hatten die Gabe, Willen und Muskeln sowie Hände und Augen aufeinander einzustellen. Daraus resultierte sicher nicht zuletzt ihr großartiges Timing. Ich habe von Natur aus die gleiche Begabung und dazu kräftige Beine, die für einen Golfer so außerordentlich wichtig sind.
Andererseits gab es auch eine Menge großer Golfer, deren physische Anlagen keineswegs so hervorragend waren, die dafür aber meiner Meinung nach alle dem Spiel gegenüber eine ideale innere Einstellung hatten.
Ben Hogan, Henry Cotton, Bobby Locke, Cary Middlecoff, Gary Player und Lee Trevino haben zusammen 34 große

Es ist der Geist und nicht die Methode, die den Meister macht

Meisterschaften gewonnen. Und trotzdem war keiner von ihnen von Natur aus für dieses Spiel besonders begabt. Ihr Talent und ihre späteren Erfolge basierten vielmehr auf intensivem Training, taktischem Geschick und höchstem Bemühen.

Der Geist und nicht die Methode macht den Meister
Wenn das aber stimmt, so ist es für mich der beste Beweis für die überragende Bedeutung des einen Faktors, der im Golf wie allen anderen Disziplinen die Meister ausmacht. Es ist der Wille – der Wille, der Beste zu sein, ist die große Motivation, die entscheidende Kraft.

Eiserner Wille trieb Hogan zu Höchstleistungen
Im Gegensatz zum Handicap-Golfer erkennen die heutigen und die kommenden Meister meistens schon frühzeitig, daß gute Schläge keineswegs ausschließlich von einem guten Schwung abhängig sind. Selbst Ben Hogan, der größte Perfektionist im Golf, hat nach seinen eigenen Worten nie mehr als sechs Schläge auf einer Runde exakt so gespielt, wie er es vorhatte. Mehr kann ich selbst auch nicht erwarten. Das Ziel ist also nicht Perfektion, sondern eine möglichst fortschreitende Verringerung der Kluft zwischen den besten und den schlechtesten Schlägen, indem man die für einen selbst am besten geeignete Schlagtechnik herausfindet und dann auch dabei bleibt.
Hat er diese für ihn beste Schlagtechnik gefunden, so wird der Meister alles daran setzen, sein Spiel in Anwendung dieser Technik fortlaufend zu verbessern, um so seine eigenen Fähigkeiten optimal einzusetzen.
Es wird oft behauptet – und ich halte es auch für wahr –, daß es vielmehr die geistigen Fähigkeiten sind, die den Meister machen, und nicht eine wie immer geartete Methode. Die von mir erwähnten Spieler bestätigen diese These.
Ben Hogan ist berühmt dafür, daß er wahrscheinlich mehr geübt hat als irgendeiner der anderen großen Spieler. Das allein aber bedingt schon ein erhebliches Maß an Disziplin und Begeisterung. Das gilt auch für die beiden anderen Trainingsfanatiker, Henry Cotton und Gary Player. Von Natur aus nicht besonders kräftig, brachten es beide durch eisernes Üben, strenges Konditionstraining und einen eher spartanischen Lebensstil zu Höchstleistungen. Bei einer so vollständigen Ausrichtung auf ein Ziel kann man im Leben eine Menge verpassen; für den, der es weit bringen will, ist es aber in vielen Fällen der einzige Weg.
Perfektionismus kann einem als Golfer das Leben ganz schön schwer machen. Cary Middlecoff war einer der großen Perfektionisten im Golf; und dieser auf ihm lastende Druck sowie zunehmende Rückenschmerzen führten dann dazu, daß er alles etwas leichter nahm. Ich konnte diesen Drang bei mir bisher glücklicherweise immer noch zügeln und die unvermeidlichen Rückschläge mit einem gewissen Fatalismus ertragen. Andererseits ist das Streben nach perfekter Leistung auch für mich ein großer Ansporn. Und praktisch hilft es mir insoweit, als ich mir noch vor dem Ansprechen eines Balles genau überlege, wie denn wohl in dieser Situation der perfekte Schlag sein würde.
Fatalistisch – realistisch wäre hier besser – sehe ich die Dinge dann, wenn mir der perfekte Schlag nicht gelingt, was leider meistens der Fall ist. Aber das Streben nach der perfekten Leistung oder zumindest nach der besten Leistung im Rahmen der eigenen Fähigkeiten ist und bleibt ein entscheidender Antriebsfaktor.

Snead spielt zum Vergnügen – und verliert deshalb nie die Lust am Spiel
Ich sagte schon, daß Sam Snead rein physisch für Golf ein großes Naturtalent ist. Psychologisch ist Sam unter den Großen insofern eine Ausnahme, daß ihm das Spiel immer Freude macht – daß er es genauso zum Vergnügen, wie zum Lebensunterhalt spielt. Wenn das nicht wahr wäre, würde er mit über 60 bestimmt keine Turniere mehr spielen und auch ganz sicher nicht mehr mit so guten Ergebnissen.
Höchstleistungen ohne Freude sind ein schweres Unterfangen. Ich schaffe es im Golf nur, wenn ich immer wieder größere Pausen einlege. Nach ein paar Tagen oder Wochen muß und will ich dann wieder spielen, einfach um des Spielens willen. Sam war da eine große Ausnahme. Er konnte buchstäblich jeden Tag spielen, ohne je die Lust zu verlieren.

Palmer's stärkster Charakterzug war seine Willenskraft
Kann man nun von all den Charakterzügen, die wir erwähnt haben, eine herausstellen, die für den Erfolg im Golf besonders entscheidend ist? Vieles ist nötig, um großes Golf zu spielen. Müßte ich aber eine Charaktereigenschaft nennen, die mehr als andere einen Golfer zum Meister werden läßt, so wäre es die Willenskraft, der Wille, es zu schaffen, an die Spitze zu kommen, der Beste zu werden, zu siegen. Und die Verkörperung all dessen ist niemand anderes als mein alter Partner, Arnold Palmer.
Arnold hat viele gute Eigenschaften. Was mich bei ihm aber am meisten beeindruckt hat, wenn wir in seiner besten Zeit zusammen spielten, war die Willenskraft, mit der er das Spiel anging. Man erkannte sie in der Entschlossenheit bei den langen Schlägen und in der ganzen Art, wie er sich auf dem Platz benahm. Am stärksten aber kam es auf dem Grün zum Vorschein – man konnte es buchstäblich fühlen.
Arnie hatte beim Putten einen wundervollen »Touch« und eine ausgefeilte, wenn auch höchst individuelle Technik. Aber das allein brachte den Ball nicht immer wieder über 10 oder 12 Meter Entfernung ins Loch oder voll gegen die Lochkante, nachdem der erste Putt 1 oder 2 Meter zu weit gegangen war. Man hatte bei ihm tatsächlich das Gefühl, daß er den Ball in das Loch »zwang«.
Jeder Gegner würde sich sagen, daß kein Golfer rein aus seiner Willenskraft heraus den Ball tief aus dem Wald aufs Grün schlagen und dann aus 20 Meter Entfernung einlochen kann. Aber allein das Gefühl, daß Arnie genau das tun würde, hat ihn zu einem so gefürchteten Gegner gemacht.
Nur bei ganz wenigen war diese Eigenschaft so ausgeprägt wie bei Arnie, aber alle haben sie irgendwo in sich verborgen. Und je mehr ich darüber nachdenke, desto stärker bin ich davon überzeugt, daß es die Willenskraft ist, die die großen Golfer von den guten unterscheidet.

Teil II

Spiel-Praxis

Golf, das heißt – Du gegen Dich selbst

1. Golf bedeutet nicht bloß Ball-Kontrolle – also zu wissen, wo und wie man den Ball treffen muß, um das dann auch in die Tat umzusetzen. Im Endeffekt ist Golf eine Frage der Selbstbeherrschung – also der Kontrolle des Spielers über sich selbst. Erst müssen Sie sich selbst bezwingen, bevor Sie einen Golfplatz bezwingen können. Wenn Sie diese Tatsache nicht akzeptieren und dauernd an sich arbeiten, werden Sie nie wirklichen Erfolg haben.

2. Die Kontrolle des eigenen Ichs verlangt vor allem, daß man sich selbst gegenüber ehrlich ist, daß man Emotionen durch den Verstand überwindet. Akzeptieren Sie also erst einmal die unumstößliche Tatsache, daß jeder Schlag, den Sie spielen – gut oder schlecht – nur von einer einzigen Person bestimmt wird, nämlich von Ihnen selbst. Akzeptieren Sie ferner, daß Sie selten, wenn überhaupt je, so gut spielen und einen so guten Score nach Hause bringen werden, wie Sie es Ihrer Meinung nach können müßten und sollten. Ich habe das jedenfalls nie geschafft. Und seien Sie sich zum dritten darüber im klaren, daß Golf von vornherein viel Glück erfordert, daß dieses Glück sich aber immer wieder ausgleicht. Und als letztes sollten Sie Ihre eigenen Grenzen klar erkennen.

3. Realistisch zu sein, hat nichts mit Pessimismus zu tun. Daß ich in der Amerikanischen Offenen bisher schlechter abgeschnitten habe als in anderen großen Turnieren, bedeutet also keineswegs, daß ich sie nicht beim nächsten Mal gewinnen kann. Es ist im Gegenteil ein echter Ansporn. Man muß gewinnen wollen, sobald man den Ball am ersten Abschlag aufteet. Dazu gehören zwei Voraussetzungen: Konzentrieren Sie sich auf das »Jetzt«, nicht auf die Vergangenheit oder die Zukunft und glauben Sie fest daran, daß Sie in Ihrem Konkurrenzfeld der Beste sind. Und wenn Sie sich in der Ausscheidungsrunde zur Clubmeisterschaft auch nur für den zweiten Flight qualifiziert haben, obwohl Sie Ihrer Meinung nach eigentlich in den ersten gehörten, so schieben Sie diese Enttäuschung nicht lange vor sich her. Strengen Sie sich statt dessen lieber an, in diesem Jahr den zweiten Flight zu gewinnen und dann eben im nächsten Jahr die Meisterschaft.

4. Ich versuche, mich zwischen den einzelnen Schlägen so weit wie möglich zu entspannen und lasse meine Gedanken ungehindert herumspazieren. Komme ich aber an den Ball, so gilt ihm die volle Aufmerksamkeit, und ich stelle mir ganz genau vor, wie der für diese Situation perfekte Schlag ausschauen und gespielt werden müßte. Ist diese Vorstellung erst einmal ganz klar, so gibt es keine Gedankenspaziergänge mehr, und ich konzentriere mich ausschließlich auf einen oder höchstens zwei Schwungaspekte, die für den vor mir liegenden Schlag relevant sind.

5. Unentschlossenheit kann aus Angst entstehen, aber auch aus einem Mangel an klarem Denken – und das ist wiederum ein typisches Beispiel für schlechte Selbstkontrolle.
Die schlimmste eigene Erfahrung dieser Art, die mir eine bleibende Lehre gab, machte ich in der Amerikanischen Offenen 1963 in Brookline. Als Titelverteidiger hätte ich voller Selbstvertrauen an den Start gehen sollen; statt dessen war ich ein Bündel von Unentschlossenheit. Sollte ich den Ball eher von rechts nach links schlagen, wie ich es in der letzten Zeit wegen einer leicht verknacksten Hüfte tat, oder lieber von links nach rechts, was mir mehr liegt und was bei diesem Platz auch besser erschien? Ich wußte es nicht. Das Ergebnis waren eine 76 und eine 77, und ich flog nach 36 Löchern aus dem Rennen.

6. Die Thunderbird Classic 1962 in New Jersey brachte mir meinen ersten dicken Scheck als Pro und gab mir gleichzeitig eine hervorragende Lektion über die ungeheuere Herausforderung zur Selbstbeherrschung im Golf. Nach 36 Löchern lag ich kurz hinter der Spitze, und dann fing ich in der dritten Runde mit dreimal drei Putts und einem Drive unter einen Busch an. Hätte ich irgend etwas besseres zu tun gehabt, so wäre ich am besten sofort nach Hause gegangen. Die Versuchung dazu war jedenfalls groß. Aber – ich schlug den Ball aus dem Busch heraus aufs Grün und ins Loch. Das gab mir einen derartigen Auftrieb, daß ich 10 der verbleibenden 14 Löcher in Birdie spielte, eine 65 ablieferte und Zweiter wurde. Die Moral von der Geschichte? Weiter kämpfen.

Die wichtigsten Schläge auf einer Runde

1. Welcher Schlag ist auf der Runde der wichtigste? Ihr längster Drive? Ihr toter Approach? Der »unmögliche« Recovery, mit dem Sie noch ein Birdie geschafft haben? Der letzte Putt zum Gewinn? Nicht für mich! Wenn überhaupt irgendein Schlag wichtiger ist als die anderen – worüber man streiten kann –, dann ist es bei mir immer der gleiche – *der erste Drive.* Natürlich lege ich in jeden Golfschlag meine ganze Kraft (sogar auf dem Übungsplatz), in den ersten Schlag aber lege ich alles rein, weil er nur allzu oft meine innere Einstellung zu der ganzen Runde bestimmt. Triff ihn sauber, und Du bist voller Selbstvertrauen. Triff ihn schlecht, und schwarze Gedanken verdunkeln Dein Gemüt. Sie können wieder verschwinden, wenn der nächste Schlag ein Erfolg wird, aber häufig haben sich die Zweifel schon zu sehr eingefressen. Setzen Sie also alles ein, damit der Eröffnungsschlag ein Erfolg wird.

2. Die größte Gefahr auf dem ersten Abschlag – für mich so gut wie für Sie – ist Spannung, sowohl physische als auch psychische. Ein vernünftiges »Anwärmen« lockert sowohl den Geist als auch die Muskeln. Und wenn Sie auf den ersten Abschlag gehen, dann atmen Sie ein paarmal tief durch und machen Sie ein paar leichte Probeschwünge. Mein bestes Hilfsmittel gegen den Streß am ersten Abschlag ist *Vorsicht.* Bei wichtigen Anlässen stehe ich besonders unter Spannung. Und die am ersten Abschlag unvermeidlichen und meist recht zahlreichen Zuschauer machen es auch nicht gerade leichter. Man spürt dann einen unwillkürlichen Drang zur Eile, um das Ganze nur möglichst bald hinter sich zu bringen. Ich schlage prinzipiell keinen Ball, bevor ich nicht wirklich vorbereitet bin, auf dem ersten Abschlag aber bemühe ich mich, ganz besonders vorsichtig zu sein in der Anlage des Schlages, beim Ansprechen des Balles und im Schwungtempo.

3. Sie werden nie erfolgreich sein, wenn Sie zu dem Schläger Ihrer Wahl kein Zutrauen haben. Wenn Sie mit dem Driver unsicher sind – und das trifft auf die meisten Spieler mit hohem Handicap zu, besonders beim ersten Schlag auf der Runde –, dann opfern Sie lieber Länge. Nehmen Sie den längsten Schläger, zu dem Sie Vertrauen haben und bringen Sie den Ball damit *ins Spiel,* und wenn es auch bloß ein Eisen 4 ist. Ein sicherer erster Schlag, wenn er auch kurz bleibt, wird als schlimmstes ein Bogey ergeben, vielleicht aber auch noch ein Par ermöglichen. Ein Desaster am ersten Loch kann Ihnen dagegen den ganzen Tag verpatzen.

4. Es liegt in der Natur des Menschen, sich die größte Anstrengung bis zum Schluß aufzusparen. Das mag bei einem Sport wie Boxen gut und richtig sein, im Golf aber ist es eine ganz falsche Einstellung. Eine Runde hat 18 Löcher und bei Turnieren oft noch mehr und jedes von ihnen *zählt gleich viel.* Seien Sie also nicht leichtfertig – bauen Sie nicht auf die Zukunft, indem Sie sich am Anfang treiben lassen, in der Hoffnung, den Gegner am Schluß im Sturm zu erobern. In der Wirklichkeit schaut es meist so aus, daß Sie schon allein aus Müdigkeit gegen Ende der Runde schlechter werden, und außerdem müssen Sie dann oft auch noch unter Druck spielen. Setzen Sie also von Anfang an Ihre ganze Kraft ein, gleich »jetzt«, nicht erst später. Je besser Sie im Zählwettspiel am Anfang sind, desto größer wird Ihr Selbstvertrauen und desto dicker das Polster gegen ein unglückliches Loch oder einen sich einschleichenden Schwungfehler. Und im Lochwettspiel setzen Sie sich das Ziel, 1 auf am ersten, 2 auf am zweiten, 3 auf am dritten und so weiter, bis Sie am 10. Grün 10 auf sind und der Gegner Ihnen gratuliert. Natürlich wird das so gut wie nie passieren, als Einstellung auf dem ersten Abschlag kann ich es aber nur empfehlen.

5. Wut ist der schlimmste Feind des Golfers. Das dümmste Beispiel bei den Amateuren ist der Spieler, der sich über einen schlechten Schlag so ärgert, daß er den Ball nur deshalb verliert, weil er gar nicht aufgepaßt hat, wohin er fliegt. Das häufigste Beispiel auf der Tour ist der Spieler, der in den Teufelskreis gerät, daß er seine eigenen Fehler und Schwächen so wenig erkennt und akzeptiert wie die Tatsache, daß Golf nicht 100prozentig fair ist. Als erstes ärgert er sich über irgendeine Äußerlichkeit wie die Platzbeschaffenheit oder das Verhalten der Zuschauer, denen er die Schuld für seine eigenen unglücklichen Schläge zuschiebt. Als zweites ärgert er sich noch mehr, weil er Angst hat, mit dem ersten Problem fertig zu werden. Dann wird es immer schlimmer, weil er aus lauter Ärger die Selbstbeherrschung verliert, und am Schluß richtet sich seine ganze Wut auf den Platz oder die Zuschauer, bis er entweder aufgibt oder in fatalistische Verzweiflung verfällt.

6. Ich habe manchmal meine Beherrschung bis zu einem gewissen Grad verloren, aber glücklicherweise nie ganz, weil ich schon sehr frühzeitig zwei sehr wichtige Aspekte des Golfs erkannte. Einmal weiß ich, daß ich immer Fehler machen werde. Und zum anderen ist mir klar, daß die Überwindung der eigenen Fehler und Pechsträhnen genauso eine Herausforderung darstellt wie das Bemühen um erstklassige Schläge. Wenn Sie einen besonders schauerlichen Schlag fabriziert haben oder sich plötzlich in einer ungewöhnlichen Lage wiederfinden, so versuchen Sie, überhaupt nicht daran zu denken und sich statt dessen sofort und ausschließlich auf den nächsten Schlag zu konzentrieren. Stellen Sie sich so schnell und so klar wie möglich vor, was Sie als nächstes versuchen und wie Sie den Ball schlagen wollen. Sie werden überrascht sein, wie ruhig Sie plötzlich dieses so irritierende Spiel angehen und wie viel besser Sie sich aus seinen Schlingen und Fallen befreien können.

Lektion 3:

Was kann ich vom Zuschauen und aus Fragen lernen?

3. Die meisten Golfer, die ihren Sport lieben, sind wie Art: Sie wollen anderen helfen, besser zu spielen, selbst auf die Gefahr hin, dann gegen diesen Spieler zu verlieren (ich beobachtete einmal zwei Schlußrundenspieler, die sich beim Üben gegenseitig Tips gaben!). Ich habe mich nie gescheut, bei anderen Hilfe zu suchen. Es gab sogar einmal eine Zeit, in der Deane Beman und Gary Player sich im Training vor mir verstecken mußten, um Zeit zum eigenen Üben zu haben.

4. Ich bin in der Annahme von Ratschlägen nicht annähernd so konsequent wie Gary. Er geht darin bis zum Äußersten, vor allem, was die Grundprinzipien des Spiels anbelangt. Ich höre aber jedem zu, dessen Können ich respektiere oder der mein Spiel gut kennt, vor allem, wenn ich schlecht spiele, ohne den Grund zu erkennen. Meine Frau Barbara ist sicher kein Bob Toski; aber sie war immer die Beste im Aufdecken meiner Fehler, ganz einfach, weil sie mein Spiel so gut kennt. Ich könnte die Fälle nicht aufzählen, in denen ein Zeichen oder Wort von ihr, zum Beispiel über das Bewegen des Kopfes, mein Putten wieder ins Lot gebracht hat. Wenn Ihre Frau etwas von Golf versteht, vor allem von Ihrem Golf, dann sollten Sie vor allem in kritischen Situationen ihren Rat einholen. Auch die Kollegen auf der Runde können Sie fragen. Man sieht sich ja nicht selber; und so sind es oft gerade die grundsätzlichen, an sich selbstverständlichen Dinge, die man falsch macht. So erfordert zum Beispiel die Stellung am Ball eine fortgesetzte Überprüfung.

5. Wenn Sie Ihr Golf wirklich ernst nehmen, so sollten Sie den Erwerb einer Filmkamera als Lernhilfe in Erwägung ziehen. Vor 12 Jahren gewann ich im Stechen meine dritten Masters, nur weil ich in einer Fernseh-Aufzeichnung erkannte, weshalb ich am 71. Loch einen 1-Meter-Putt ausgelassen hatte. Ich kaufte mir daraufhin einen Video-Recorder und bitte Freunde um einen Mitschnitt, wenn ich bei Turnieren auf dem Bildschirm erscheine. Seither habe ich nach schlechten Spielen manchmal mitten in der Nacht noch vor dem Fernseher gesessen, um mir die schlechten Schläge immer wieder vor Augen zu führen. Wenn Sie wissen, *was* Sie tun sollten, so gibt es kein besseres Mittel als den Bildschirm.

6. Sind Sie ein guter Golfer mit einem lang andauernden »Tief« oder ein Anfänger, der sich ernsthaft bemüht, besser zu werden, so suchen Sie sich einen Lehrer, der Ihnen genügend Interesse entgegenbringt, Ihr Spiel wirklich kennenzulernen und nehmen Sie bei diesem Mann dann regelmäßig Stunden. So danke ich meinem Lehrer, Jack Grout, nicht nur für das, was er mir als Bub beibrachte, sondern für all die Qual, die er mir in späteren Jahren erspart hat. Mit einem Mann wie Grout im Hintergrund konnte ein Problem bereits im frühen Stadium ausgemerzt werden, bevor es zu einer ernsthaften Gefahr für mein Spiel wurde. Natürlich renne ich nicht zu ihm, wenn der erste Ball im Rough landet; denn schließlich verlangt Golf ja nicht zuletzt auch Selbsterkenntnis und Selbstvertrauen. Aber ich gehe zu ihm, wenn mich ein ernsthaftes Problem bedrückt, mit dem ich allein nicht fertig werde. Das hat mir manchen Kummer erspart. Nehmen Sie Ihr Spiel also wirklich ernst, so werfen Sie Ihren Stolz über Bord und suchen Sie sich einen wohlmeinenden Lehrer.

So bereitet man sich auf ein Turnier vor

1. Gleich bei meinem ersten überseeischen Turnier als Pro bekam ich eine harte Lektion in bezug auf die Vorbereitungen auf eine Meisterschaft. Es war ein 72-Löcher-Spiel auf dem äußerst hügeligen »Hillside Platz« in England. Ich konnte erst zwei Tage vor dem Spiel rüberfliegen. Das bedeutete: aus der Hitze von Texas und vom amerikanischen Ball durch eine sechsstündige Zeitdifferenz in bittere Kälte, Feuchtigkeit und zum kleinen englischen Ball. Natürlich hatte ich nicht annähernd genug Zeit, den Platz wirklich kennenzulernen. Das Ergebnis waren eine 79-71-70-78, eine Menge Ärger und eine unvergessene Lektion. So machte ich die Erfahrung, daß Vorbereitung – das heißt Vorausdenken und Vorausplanen – für den späteren Erfolg entscheidend ist. Nun kann man natürlich nicht planen, ohne zu wissen, was einen erwartet – Grund genug für Übungsrunden vor jedem wichtigen Spiel. Meine Vorbereitungen beginnen möglichst Wochen vor einem großen Ereignis, wobei ich mir in bezug auf den betreffenden Platz drei grundsätzliche Fragen stelle: Erstens – favorisiert der Platz eher einem Fade oder einem Draw? Zweitens – wie wichtig sind lange Schläge? Drittens – kann ich mit Risiko spielen oder muß ich eher auf Nummer Sicher gehen?

2. Die Antwort zu Frage 1 hängt in erster Linie von der Form der einzelnen Löcher in Relation zu den zu erwartenden Boden- und Wetterbedingungen ab. So hat zum Beispiel Pebble Beach (oben links), zahlreiche von links nach rechts ausgelegte Löcher, die zusammen mit dem normalerweise festen Boden auf jeden Fall einen Fade empfehlen. Augusta National verläuft dagegen vor allem von den Abschlägen mehr von rechts nach links (unten links). Bei den Masters stelle ich mich deshalb darauf ein, vom Abschlag eher einen Draw zu spielen, um dann bei einigen der langen Löcher einen hohen Fade aufs Grün zu schlagen. Ist das erst einmal klar, dann fange ich rechtzeitig an, meinen Schwung auf diese Flugbahn des Balles einzustellen.

3. Frage 2 – der Faktor Entfernung – hängt hauptsächlich von der Länge des Platzes und seiner Bodenbeschaffenheit ab. So ist Firestone, wo ich einmal meinen World Series- Titel verteidigte, nicht nur ungewöhnlich lang – es hat fünf über 420 m lange Par-4-Löcher und drei über 200 m lange Par-3-Löcher –, sondern meistens auch relativ weich. Lange Schläge sind hier also besonders gefragt. Um das zu üben, tauschte ich beim Spiel mit meinen Buben zu Hause die Drives, so daß ich die langen zweiten Schläge zum Grün hatte. Sie können das natürlich auch dadurch erreichen, daß Sie Abschlag und Annäherungsschlag austauschen, also ein Eisen 5 vom Tee spielen und dafür dann ein Holz 3 oder ein langes Eisen zum Grün. Nach der World Series stellte ich mich dann sofort auf mittlere und kurze Eisen ein, um mich für das Ryder Cup Match im Royal Lytham in England vorzubereiten, wo Präzision sehr viel wichtiger ist als Länge.

4. Die Antworten zu Frage 3 – das Risiko und seine Gefahr – wird vor allem durch die Breite der Fairways und die Schwierigkeit der Hindernisse bestimmt. So verlangt zum Beispiel Southern Hills, Austragungsort der Amerikanischen Offenen von 1977, durch die hohe Zahl seiner Doglegs zusammen mit einer den USGA-Regeln entsprechenden Fairwaybreite, schwerem Bermuda-Rough und Bunkern mit Pulversand dauernde Vorsicht und verbietet eher ein aggressives Spiel. Turnberry, Schauplatz der Britischen Offenen von 1977, hat dagegen wenig Bäume, kaum Wasserhindernisse und ein meist trockenes Rough. Die Bahnen sind breit, so daß der Longhitter bei gutem Wetter mindestens so viele Birdie-Chancen hat wie ihm Gefahr drohen könnte. Unter diesen Voraussetzungen neige ich auch eher zum Risiko, vor allem vom Abschlag.

5. Längst nicht alle Golfer haben die Spielstärke oder auch die Energie, sich gründlich auf ein Turnier vorzubereiten. Aber ich empfehle dringend *irgendeine* Vorausplanung, vor allem, ob Sie mit oder ohne Risiko spielen wollen. Planen alleine nützt nur wenig; Sie müssen vielmehr eine klare und genau überlegte Vorstellung davon haben, was Sie tatsächlich versuchen wollen. Das ergibt eine positive Grundeinstellung, und Sie sparen Ihre Konzentration für strategische Überlegungen und die Ausführung der einzelnen Schläge.

6. Es ist also klar, daß meine Vorbereitungen auf ein großes Turnier damit enden, daß ich den Platz etwa eine Woche vor dem eigentlichen Ereignis 2-3 Tage lang spiele. Das machen die meisten Spitzenspieler schon lange so, und es werden täglich mehr, weil das Pro-Golf immer härter wird. Ich fange gewöhnlich damit an, mir die Besonderheiten des Platzes und die Länge der einzelnen Löcher einzuprägen und danach meinen Plan aufzubauen. Liegt der erst einmal grundsätzlich fest, so kommt die Feinarbeit am Schwung und an den Schlägen, die ganz besonders wichtig sind. Zuerst schlage ich morgens Bälle, spiele dann eine Runde, übe weiter, spiele noch eine volle oder halbe Runde und verbringe den Rest des Tage damit, das kurze Spiel dem Charakter des Platzes entsprechend zu üben. Das ist fast mehr Arbeit als das eigentliche Turnier. Aber es macht Spaß – und es macht sich bezahlt.

Entfernung schätzen und nicht raten!

1. Die meisten Golfer nehmen bei der Mehrzahl ihrer Annäherungsschläge einen zu schwachen Schläger. Selbstüberschätzung ist ein Grund. Sie glauben, jeden Schlag 100prozentig treffen zu können, obwohl das ein Ding der Unmöglichkeit ist. Zum dritten übersehen sie, daß im allgemeinen vor dem Grün und an den Seiten mehr Unheil lauert als dahinter. Der Hauptgrund aber liegt darin, daß sie einen wichtigen Faktor in der Planung des Schlages vergessen – die genaue Entfernung zwischen Ball und Grün.

2. Deane Beman brachte mir bei, die Länge von Annäherungsschlägen richtig zu messen, als wir für die 1961er US Amateurmeisterschaft in Pebble Beach trainierten. Ich nutzte diese Kenntnisse dann beim eigentlichen Spiel, blieb in jeder Runde unter Par, gewann die Meisterschaft, erkannte die große Hilfe dieser Vorbereitung und bin seither jeden Platz vorher abgegangen.

3. Die Entfernung zu kennen und nicht zu raten, ist für die Schlägerwahl bei jedem Annäherungsschlag von unschätzbarem Wert. Das allein rechtfertigt schon den Aufwand, einen Platz vor dem Spiel abzuschreiten. Aber die Vorteile gehen noch weiter. Vertrauen und Konzentration sind die Schlüssel zum Erfolg im Golf. Beide aber werden »unterminiert«, wenn ich mir über die Entfernung zu meinem Ziel nicht im klaren bin. Das mag unbewußt geschehen, ist deshalb aber nicht weniger gefährlich. Wer die Entfernung kennt, kann sich dagegen voll und ganz auf die Ausführung des Schlages konzentrieren.

4. Meine Meß-Methode ist ganz einfach. Auf der Übungsrunde suche ich mir einen festen Gegenstand, ein paar Meter vor der Stelle, an der mein Drive normalerweise liegen wird – einen größeren Baum, die Spitze eines Bunkers, eine Hausecke, einen Wasseranschluß. Von diesem Punkt aus schreite ich in 1-yard-Schritten die Entfernung zur Vorder- und Rückkante des Grüns ab. Wenn ein Wasserhindernis in das Grün einschneidet, dann messe ich auch die Entfernung bis zur »Sicherheits-Zone«. All das markiere ich auf Scorekarten, die ich für zukünftige Gelegenheiten aufhebe und in einem Ordner abhefte (ich habe ungefähr 600 aus aller Welt).
So vorbereitet, ist es im Turnier dann einfach, die Länge eines Annäherungsschlages genau zu bestimmen. Ich schreite die Entfernung ab zwischen dem Fixpunkt und der Stelle, an der mein Drive liegt, bestimme die Position der Fahne im Verhältnis zur Tiefe des Grüns und rechne alles zusammen. Mein Caddie macht es genauso, und wir vergleichen dann unsere Ergebnisse. Ich praktiziere das bei allen Schlägen über 50 Meter. Darunter ist dann das Gefühl für den Schlag wichtiger als die Kenntnis der Länge.

5. Wer so viel spielt wie ich, kennt seine Schlaglänge mit jedem Schläger. Spielen Sie aber seltener, so können Sie Ihre Schlaglängen am besten dadurch bestimmen, daß Sie Ihre Übungsschläge in regelmäßigen Abständen abschreiten. Ist Ihnen das zu mühsam, so merken Sie sich Ihre Längen an den Par-3-Löchern. Wenn die Entfernungsangaben auf der Scorekarte stimmen und wenn Sie dieselben mit den Abspielmarken in Einklang bringen, dann können Par-3-Löcher Ihnen ein ziemlich genaues Bild über Ihre Schlaglänge mit den meisten Schlägern geben. Auch 150-Meter-Längenmarkierungen auf dem Platz können eine Hilfe sein. Wie immer Sie aber auch vorgehen, seien Sie nicht zu sehr überrascht, wenn Sie feststellen, daß Ihre Schläge kürzer sind als Sie dachten – und *denken* Sie bei der Wahl des Schlägers in Zukunft daran.

6. Bei der British Open in Muirfield im Jahr 1966 hatte ich eine Siegeschance, wenn mir am 480 Meter langen 71. Loch ein Birdie gelang. Mein Eisen 3 vom Abschlag mit Rückenwind ließ mir einen 215-Meter-Schlag bis zur Mitte des Grüns. Das wäre mit dem amerikanischen Ball normalerweise ein Eisen 1 gewesen. Die Situation war hier aber völlig verändert. Und so habe ich diesen Schlag berechnet, der mir meine erste Britische Offene einbrachte: »Einen Schläger weniger wegen dem kleinen Ball, einen weiteren, weil der Ball nach dem Aufsetzen auf dem harten Fairway weit ausrollen wird. Eineinhalb Schläger weniger à conto des starken Rückenwindes und einen weiteren halben zum Ausgleich des »Adrenalin Stoßes« in diesem entscheidenden Augenblick. Das ergibt ein Eisen 5.« Ich schlug den Ball auf 3 Meter an die Fahne. Hätte ich für meine Überlegung nicht die exakten Entfernungswerte gehabt, so wäre der Ball wahrscheinlich weit über das Grün gegangen.

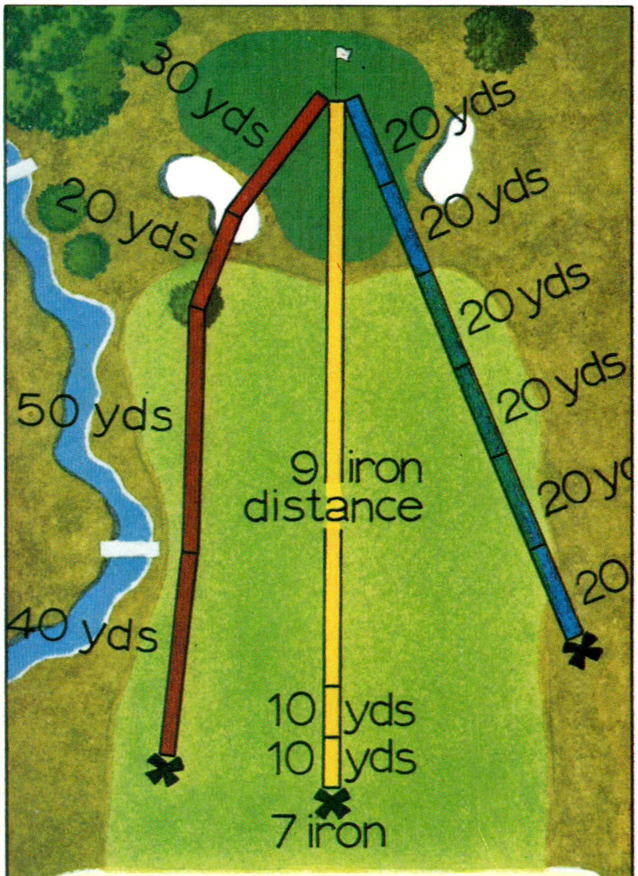

7. Wenn das Abschreiten des ganzen Platzes für Sie zu mühsam ist, so gibt es zur Bestimmung der Entfernungen auch noch andere bewährte Mittel. So kann man die Entfernung in Abschnitten schätzen, die man aneinanderfügt, bis man die Fahne erreicht hat. Die für Sie am leichtesten zu bestimmende Teilentfernung können Sie durch ein kleines Experiment herausfinden – bei mir ging es immer am besten mit Abschnitten von 18 oder 45 Metern. Oder Sie gehen von einem Fixpunkt in der Landschaft zum andern. 55 Meter von hier bis zu jenem Baum, 80 Meter von dem Baum bis zum Bunker und von dort dann ca. 20 Meter bis zur Fahne. Sie können sich auch den Punkt auf der Bahn suchen, von dem aus es bis zur Fahne noch ein Wedge oder Eisen 9 ist und dann Schläger um Schläger jeweils etwa 10 Meter zurückgehen bis zur Lage des Balles. Versuchen Sie mal die eine oder andere dieser Methoden auf den nächsten Runden.

Wie bringe ich mich zur Höchstleistung?

1. Das rechtzeitige Aufstehen, um vor dem Start noch Bälle zu schlagen, ist keineswegs der Beginn meiner Vorbereitungen auf ein Spiel. Man muß es sich so leicht wie möglich machen und sich auf höchste Leistung einstellen, lange bevor man den ersten Schläger aus der Tasche zieht. Vor einiger Zeit hatte ich in einem Pro-Am einen Partner, der ein hervorragendes Beispiel dafür abgab, wie man es *nicht* machen soll. Es fing damit an, daß er sich ein Tee auslieh. Zwischendurch fragte er bei jedem Loch nach der Entfernung, weil er die Scorekarte vergessen hatte. Er verlor ein paar Löcher allein dadurch, daß er aus Unkenntnis gegen die Regeln verstieß. Nach der Runde bat er mich – quasi als Entschuldigung für sein schauderhaftes Spiel –, seine Schläger mal zu testen. Ich hätte das gerne getan, wenn man sie nur hätte greifen können. Die Griffe waren glatter als blankes Metall. Soviel Bockmist auf einmal ist sicher die Ausnahme; generell muß man aber leider feststellen, daß Amateure häufig zu solchen und ähnlichen Fehlern neigen.

2. Ich schleppe keine Wohnungseinrichtung über den Platz, aber ich bin sehr darauf bedacht, für möglichst alle Eventualitäten gerüstet zu sein. Außer den 14 Schlägern (mein Caddie und ich überprüfen die Zahl immer, bevor wir auf den ersten Abschlag gehen) habe ich in der Tasche: ein Dutzend Bälle, genügend Tees, zwei oder drei Ersatzhandschuhe, einen Regenüberzug für die Tasche, Regenanzug und -hut, Schirm, mindestens einen Pullover, ein Paar Reservesocken, einen Rollkragenpullover, Heftpflaster, die USGA- und PGA-Wettspielregeln und – soweit vorhanden – spezielle Platzregeln für das betreffende Turnier. Ich habe auch immer einen Metallring dabei (wenn ein Ball hindurchgeht, hat er nicht das korrekte Maß). Im Garderobenschrank habe ich bei jedem Turnier mindestens einen Ersatz-Driver, einen Putter und ein Paar Schuhe, außerdem genügend Kleidungsstücke für unterschiedliche Wetterverhältnisse.

3. Ich bin ganz gewiß kein Regelexperte, habe mich aber genug damit geschäftigt, um die Grundsätze zu kennen, die Strafen für Regelverstöße und die Möglichkeiten, die sie dem Spieler zu seinem Vorteil bieten. Im Lauf der Jahre bin ich zu der Erkenntnis gekommen, daß die so komplizierten Regeln doch wohl den Hauptzweck haben, Gleichberechtigung und Sportsgeist zu fördern – zwei Dinge, die Golf zu einem so großartigen Spiel machen.

4. Meine erste und gleichzeitig härteste Lektion in Regelfragen bekam ich 1960 bei der US Open in Cherry Hills. Ich war 20 Jahre, noch Amateur, und spielte zusammen mit Ben Hogan. Sechs Löcher vor Schluß lag ich vor einer illustren Verfolgergruppe mit einem Schlag in Führung. Am 360 Meter langen 67. Loch schlug ich ein hervorragendes Holz 3 und dann ein Eisen 9 ca. 4 Meter an die Fahne. Da dämmerte es mir plötzlich, wie ich lag und welche Chance ich hatte. Ich schlug den ersten Putt fast einen halben Meter über das Loch und machte dann den wahrscheinlich größten Fehler in meiner Golfkarriere. Genau auf meiner Linie war eine alte, schlecht reparierte Pitch-Marke. In meiner Aufregung war ich völlig konfus und unsicher, was in dieser Lage zu tun sei. Ich wagte nicht einmal, einen Schiedsrichter zu fragen. Ich puttete, der Ball erwischte die Pitch-Marke und lief ums Loch. Am nächsten Loch machte ich gleich noch einmal 3 Putts und ließ am 70. Loch einen leichten 1,5-Meter-Putt zum Birdie aus. So wurde ich mit zwei Schlägen Rückstand Zweiter hinter Arnold Palmer.

J McQueen

5. Natürlich kann man hier nicht alle Fälle aufzählen, in denen die Regeln einem helfen. Ein kleines Beispiel möchte ich Ihnen aber doch schildern, denn es könnte auch Sie dazu bewegen, sich etwas mehr mit dieser Materie zu beschäftigen. Sie wissen wahrscheinlich, daß man den Ball aus einer Wasserstelle auf der Bahn ablegen kann; wissen Sie aber auch, daß die Regel über »zeitweiliges Wasser« Ihnen auch erlaubt, aus zeitweiligem Wasser im Rough und in Hindernissen abzulegen? Sie können den Ball auch reinigen – bei schlechtem Wetter eine große Hilfe –, wenn Sie ihn außerhalb des zeitweiligen Wassers droppen. Das gleiche gilt für mindestens fünf ähnliche Situationen. Sie stehen in Regel 23. Und wenn Sie das Buch gerade zur Hand haben, sollten Sie auch Regel 12 mal aufschlagen. Was da über den provisorischen Ball vom Abschlag im Lochwettspiel steht, kann Ihnen manchen Ärger im Kampf gegen einen »Regelkenner« ersparen.

6. Was nun die negativen Seiten angeht – die Strafen –, so denke ich in erster Linie an die Bestimmungen über den Ball, der scheinbar ruhig liegt, sich aber beim Ansprechen bewegt, bevor ich ihn schlage. (Regeln 25, 27, 31 und 35). Ich bin deshalb bei der Entfernung loser Gegenstände immer besonders vorsichtig oder aber beim Aufsetzen des Schlägers, wenn der Ball nicht ganz fest liegt – selbst auf dem Grün. Wenn man die Regeln *kennt* und *versteht,* müssen sie aber keineswegs ein Alptraum sein. Mir sind im Lauf der Zeit immer wieder Spieler begegnet, die für Fehler bestraft werden, die sie bei genauer Kenntnis der Regeln mit Sicherheit vermieden hätten. Ich habe auch den Fall erlebt, daß ein Spieler sich grundlos des Regelverstoßes gegen einen sich bewegenden Ball bezichtigte.

Welche Taktik verfolgt man im Zählwettspiel?

2. Die Regel verbietet Fragen an den Gegner, die einem selbst helfen könnten – zum Beispiel die Wahl seines Schlägers betreffend. Aber die Regel hindert Sie nicht daran, aufzupassen, welchen Schläger er genommen hat und wie sein Ball fliegt. Ich bin immer bemüht, mich einem Gegner nicht aufzudrängen, aber ich beobachte ihn genau, um aus seinem Spiel zu lernen. Das gilt besonders für das Putten. Aber auch bei anderen Schlägen, zum Beispiel bei starkem Wind, kann genaues Beobachten sehr nützlich sein.

1. Für die wirklich großen Golfer ist der Platz der wahre Gegner und nicht die Mitbewerber. Das gilt vor allem für das Zählwettspiel, dessen Ergebnis bis zum letzten Putt auf dem letzten Grün offen sein kann. Spiel und Spielstand der Mitbewerber sollte Ihr eigenes Konzept nur in Ausnahmefällen beeinflussen. Deshalb sollten Sie die Gegner jedoch keinesfalls außer acht lassen. Man kann schließlich immer von ihnen lernen.

3. Es ist immer schwer, nicht zurück- oder vorauszuschauen. Je weniger Sie dieser Versuchung aber im Zählwettspiel nachgeben, desto besser werden Sie auf die Dauer gesehen spielen. Das Zählwettspiel ist ein 18-Löcher-Spiel; aber Sie können immer nur *einen Schlag* gleichzeitig spielen. Erfolg und Mißerfolg sind unvermeidlich; aber je weniger Sie auf die beiden emotionell reagieren, desto geringer ist Ihr Risiko, zu vorsichtig oder zu riskant zu spielen. Ich führe einen ewigen Kampf mit mir selbst, nach einer guten Phase nicht zu vorsichtig zu spielen und nach einer schlechten nicht zu sehr alles auf eine Karte zu setzen. Ich versuche es dadurch zu erreichen, daß ich mich immer nur auf den gerade auszuführenden Schlag konzentriere, ohne ihn im Rahmen dessen zu sehen, was hinter mir liegt oder vor mir liegen könnte.

4. Wenn Sie gegen Ende eines Zählwettspiels mit an der Spitze liegen, dann müssen Sie die Gegner genau im Auge behalten, um abschätzen zu können, wieviel Sie bei allen noch verbleibenden Schlägen einsetzen müssen. So war ich zum Beispiel bei den Masters 1981 am letzten Loch fest entschlossen, nur in zwei Schlägen aufs Grün zu kommen, um dann sicher mit zwei Putts einzulochen. Aber dann hörte ich den donnernden Applaus über das Birdie von Tom Watson am 17. Darauf mußte ich sofort reagieren, das hieß, auf ein Birdie gehen. Der Schlag zum Grün wurde daraufhin riskanter und gelang mir nicht. Der Ball landete im Bunker; aber das lag nicht an der Strategie, es lag an der mangelhaften Ausführung des Schlages.

5. Es ist im Zählwettspiel gar nicht so einfach, im Mitbewerber nicht den direkten Gegner zu sehen, wenn Sie mit ihm sozusagen befreundet sind oder wenn er Sie aller Voraussicht nach schlagen könnte. So war die Paarung zwischen Arnold Palmer und mir für beide immer relativ schwierig. Wir haben uns nur zu oft von den Zuschauern zu einem persönlichen Zweikampf verführen lassen; so wie es in Clubwettkämpfen sicher häufig zwischen Freunden oder Erzrivalen passiert. Noch häufiger geschieht es, daß man durch das Spiel mit einem ausgesprochenen Longhitter zur Überschreitung der eigenen Fähigkeiten verführt wird. Selbstbeherrschung und eine realistische Grundeinstellung sind die einzigen Hilfsmittel gegen diese Gefahren.

6. Ich war nie zu stolz, zuzugeben, daß ich einige meiner großen Erfolge nicht so sehr meinem hervorragenden Spiel als der Tatsache verdanke, daß andere schlechter gespielt haben. Mein Konzept des »immer nur einen Schlag gleichzeitig – die Nerven behalten – Golf ist ein Spiel von 18 Löchern« – hat viel zu meinen Erfolgen beigetragen, ganz besonders zu meinem Sieg im vorjährigen Tournament of Champions. Ich war müde und immer noch frustriert nach der knappen Niederlage in den Masters, der Platz war schwierig, mein kurz bevorstehendes Memorial Tournament beschäftigte mich und mein Driver fühlte sich an wie ein verbogenes Billardqueue. Ich lag mit ihm in vier Runden nur 15 mal auf der Bahn. Eingangs der letzten neun stellte ich aber zu meiner Überraschung fest, daß ich trotz des ganzen Gemurkses noch sehr gut im Rennen lag. Das gab dann urplötzlich einen Mordsauftrieb, den schon einmal zitierten Adrenalinschub – und ich lag mit Bruce Lietzke im Stechen. Und siehe da – plötzlich lagen meine Drives wieder auf die Bahn, und bevor ich mich versah, hatte ich das Turnier gewonnen. Das wäre mir niemals gelungen, wenn ich vergangenen Schlägen nachgetrauert oder an zukünftige gedacht hätte. Ich zwang mich vielmehr zur Konzentration auf den jeweils zu spielenden Schlag.

So gewinnt man ein Lochwettspiel

1. Der größte Aktivposten eines Golfers ist Selbstvertrauen in das eigene Spiel; und das ist besonders wichtig im Lochwettspiel. Beim Zählwettspiel wissen Sie in der Regel gar nicht, wie die Gegner liegen und Sie können sich deshalb leichter auf das eigene Spiel konzentrieren. Beim Lochwettspiel aber stehen Sie dauernd und unmittelbar dem Gegner gegenüber, den Sie schlagen müssen; denn wenn Sie verlieren, bedeutet es das »Aus«. In dieser Situation ist das unbeirrbare Selbstvertrauen in das eigene Können oft der ausschlaggebende Faktor für Sieg oder Niederlage.

2. Walter Hagen, der den Rekord mit fünf PGA-Meisterschaften im Kampf Mann gegen Mann hält, sagte einmal, daß er selbst damit rechnet, pro Runde mindestens sieben schlechte Schläge zu machen. Was er aber nicht gesagt hat, ist, daß er voll darauf vertraute, die meisten dieser Fehler durch einen besonders geschickten Recovery oder einen langen Putt wieder auszugleichen. Ich habe nie gegen Walter gespielt, aber ich bin einigen Golfern begegnet, die wie er ein unerschütterliches Zutrauen zu ihrer Fähigkeit hatten, den Ball immer und überall auch aus den unmöglichsten Lagen herauszubekommen –, die sich sogar mehr auf diese Fähigkeit verließen, als etwa auf lange, gerade Drives. Das sind natürlich die schlimmsten Lochwettspiel-Gegner, weil sie einen völlig demoralisieren können. Da schlagen Sie Ihren Ball sauber und präzise und die Burschen ziehen mit Ihnen gleich oder sind sogar besser mit einem Spiel, das wie eine Kombination aus miserablen Schlägen und schierem Glück zu bestehen scheint. Man macht dann leicht den Fehler zu glauben, daß das beim Gegner alles nur Glück sei und ja schließlich mal aufhören müßte. Ich machte den Fehler gegen Harvie Ward in der zweiten Runde der amerikanischen Amateurmeisterschaft 1958 in San Francisco. Harvie traf an diesem Tag nur fünf Grüns, aber wann immer er den Putter in die Hand nahm, war der Ball im Loch. Ich konnte es einfach nicht glauben, daß das so weitergehen würde, bis wir plötzlich am 18. Loch waren und ich immer noch 1 down stand. Seither weiß ich, daß man ein erfolgreiches »Stehaufmännchen« als solches akzeptieren und damit rechnen muß, daß er es bleibt. Man kann nur weiter versuchen, nach dem eigenen Plan so gut wie nur irgend möglich zu spielen. Gelingt das aber nicht, so sollten Sie die Lehre daraus ziehen, selber mehr Zeit auf das Üben schwieriger Recovery Shots zu verwenden.

3. Weekend-Golfer machen meiner Erfahrung nach im Lochwettspiel häufig den Fehler, daß sie im Kampf gegen einen besseren Spieler versuchen, den Ball weiter zu schlagen und einen besseren Score zu erzielen, als es in ihren eigenen Kräften liegt. Der Wunsch, das eigene Spiel auf das Niveau des Gegners zu heben, ist ganz natürlich und für den Übungsplatz auch sehr sinnreich. Legen Sie es nicht darauf an, ihm zu imponieren – spielen Sie nur auf *Gewinn!* Was immer Sie von ihm an Schlägen bekommen, sollten Sie durch geschickte Strategie und Einstellung auf den Platz optimal ausnutzen. Sie mögen zum Risiko gezwungen werden, wenn es um Sein oder Nichtsein geht, aber sonst nur mit Köpfchen spielen! Wo Ihr Gegner also eventuell Schwierigkeiten haben könnte, ein Brutto-Par zu spielen, sollten Sie von vornherein nur ein Netto-Par anstreben.

4. Besonders überlegt sollte man im Lochwettspiel dann reagieren, wenn der Gegner zuerst abgeschlagen hat und besonders schlecht liegt oder gar out-of-bounds ist. Spielen Sie besonders vorsichtig. Sind Sie selbst aber im Kakao und der Gegner in Superform, dann können Sie auch bei vollem Risiko kaum mehr etwas verlieren. Das Loch ist im Zweifel sowieso verloren. Führt Ihr riskanter Versuch aber zum Erfolg und Sie können das Loch noch halbieren oder gar gewinnen, dann ist das für den Gegner auch emotionell ein schwerer Schlag.

5. Lassen Sie sich im Lochwettspiel keinesfalls dadurch entmutigen oder aus dem Schlag bringen, daß Ihr Gegner länger ist. Lange Drives können im Lochwettspiel nämlich ein zweischneidiges Schwert sein. Natürlich kann der andere, wenn er vom Abschlag 20 m länger ist, einen kürzeren Schläger zum Grün spielen. Sind Sie mit Ihrem Ball aber zuerst auf dem Grün und womöglich noch an der Fahne, dann wird der zweite Schlag für den anderen sehr schwer, und wenn er der beste Spieler ist und auch einen kürzeren Schläger nehmen kann. Es hat mich deshalb im Lochwettspiel nie besonders gestört, wenn mein Gegner länger war als ich.

6. Vor einem schweren Lochwettspiel sollten Sie es sich zur Regel machen, all die vielen kleinen Putts einmal auszuspielen, die einem bei den Samstag-Vormittags-Spielen meistens geschenkt werden. Vor etwa 20 Jahren traf ich in der North and South Amateur in Pinehurst auf Gene Andrews, einem großartigen Golfer aus Kalifornien. Wir kämpften wie die Löwen auf den ersten 18 Löchern. Am 15. Grün erwartete ich trotzdem, daß Gene mir einen 60-cm-Putt schenken würde. Statt dessen ging er wortlos zum nächsten Abschlag –, und ich ließ den Putt aus! Ich schaffte das Spiel dann gerade noch, habe aber seither nie mehr damit gerechnet, einen Putt geschenkt zu bekommen.

7. In meiner ganzen Laufbahn habe ich mich stets bemüht, alles zu vermeiden, was als »Unfairness« ausgelegt werden könnte. Es gibt vielleicht Grenzfälle, in dem was man sagt oder tut, die einem einen kleinen Vorteil über den Gegner verschaffen, ohne daß man sich dessen unbedingt schämen müßte. Aber ich akzeptiere das nicht. Ich möchte immer gewinnen, aber nur mit meinen Schlägen. Ich lehne Spieler ab, die solche Tricks praktizieren. Vielleicht ist das auch der Grund, weshalb ich eigentlich nie unter der Unfairness eines anderen zu leiden hatte. Sie würden wahrscheinlich die gleiche Erfahrung machen und außerdem nicht davon abgelenkt, sich ausschließlich auf Ihr Spiel zu konzentrieren.

Die psychologischen Anforderungen des Kampfes

1. Einer der schlimmsten Fälle von Nervosität passierte am Schlußtag der Amerikanischen Offenen von 1967 in Baltusrol. Ich machte am 10. Loch ein ganz törichtes Bogey. Plötzlich war mein Selbstvertrauen wie weggeblasen. Nun hatte ich schon in vielen zurückliegenden Fällen festgestellt, daß ich solche aufkommenden Zweifel und Ängste am besten dadurch bekämpfen kann, indem ich versuche, die Situation so klar und nüchtern wie möglich zu beurteilen. Dabei fange ich sogar manchmal an, mit mir selbst zu reden. So sagte ich mir nach diesem 10. Loch in Baltusrol: »Wozu die Aufregung? Du hast doch offenbar gut gespielt, sonst würdest Du nicht an der Spitze liegen. Und Du wirst auch weiter gut spielen. Du redest Dir doch immer ein, daß die Herausforderung im Golf für Dich den größten Reiz ausmacht. Na schön, dann genieße doch diesen Reiz und stelle Dich der Herausforderung Schlag für Schlag.« Es hat damals in Baltusrol und auch in vielen späteren ähnlichen Situationen funktioniert. Ich könnte mir vorstellen, daß ein ähnlich aufmunterndes Selbstgespräch auch Ihnen über solche Angstzustände hinweghelfen würde.

2. Konzentration ist ein weiteres bewährtes Mittel gegen die Angst. So bewunderte ich oft bei Ben Hogan die große Intensität, die er auf jeden Schlag verwandte. Je mehr Sie sich auf Planung und Aufführung eines Schlages konzentrieren, desto weniger können Ihre Gedanken zu den »Wenns« und »Abers« abwandern, die dann zu Angstzuständen führen. Natürlich besitzen wir nicht alle die Selbstdisziplin von Ben Hogan; aber wir können uns trotzdem zu einer positiven inneren Einstellung erziehen – und zwar von der ersten Beurteilung eines Schlages bis zu der genauen Vorstellung über die Technik, die wir bei ihm anwenden wollen. Je mehr Sie sich diese Prozedur in normalen Situationen zur Gewohnheit machen, desto weniger werden Sie dann unter Druck in Angstzustände verfallen.

3. Je stärker Sie »aufgeladen« sind, desto härter werden Sie den Ball schlagen. Denken Sie daran! So kam ich bei der schon erwähnten Amerikanischen Offenen von 1967 mit 4 Schlägen Führung an den letzten Abschlag und wußte, daß ein Birdie an diesem 525 Meter langen Loch den Rekord für 72 Löcher in der Offenen bedeuten würde. Wasserhindernisse plus mein Adrenalinschub ließen mich vorsichtig agieren, so daß ich nach dem zweiten Eisenschlag immer noch 210 Meter von der Fahne entfernt war. Normalerweise wäre das ein leichtes Holz 3 gewesen; in meiner »aufgeladenen« Stimmung fühlte ich mich aber besonders stark. Ich nahm ein Eisen 1 und schlug den Ball mitten auf das Grün. Das gab mir einen derartigen Auftrieb, daß ich den nachfolgenden Putt zum Birdie einlochte. So hat sich der Adrenalinschub bezahlt gemacht.

4. Spielen Sie unter Druck auf Sicherheit! Lassen Sie sich durch niemand und nichts dazu verführen, mehr zu riskieren als unbedingt nötig ist. Liegen Sie zum Beispiel auf der letzten Bahn mit 3 Schlägen in Führung und die Fahne steht hinter einem Wasserhindernis, so heißt das, auf Nummer Sicher gehen – vom Wasser wegzuspielen, selbst wenn das dann einen Chip oder langen Putt bedeutet. Auch bei diesen folgenden Schlägen dann Vorsicht und bitte keine Bravourleistungen versuchen. Spielen Sie den sichersten Schlag und verringern Sie so Druck und innere Anspannung. Stellen Sie sich dabei vor, daß sich 10 Minuten nach Ihrem Sieg kein Mensch mehr daran erinnert, *wie* Sie gewonnen haben; daß ein verschenkter Sieg aber noch lange in aller Munde sein wird.

5. Druck erzeugt Spannung, und unter Spannung wollen Sie die vor Ihnen liegende Aufgabe möglichst schnell hinter sich bringen. Je mehr Sie im Golf aber hetzen, desto schlechter werden Sie spielen, was nur zu höherem Druck und stärkerer Spannung führt. Ich versuche, diesen Teufelskreis auf zwei Wegen zu umgehen. Erst atme ich ein paarmal tief durch und überlege ganz schnell, warum ich so und nicht anders gespielt habe. Im Grunde doch nur, weil ich unabhängig von Sieg oder Niederlage das Golf und den Kampf liebe. Das baut dann schon einen großen Teil der inneren Spannung ab und bringt gleichzeitig Sieg und Niederlage wieder in die richtige Relation zum Leben ganz allgemein. Dann mache ich ein paar volle Probeschwünge, wobei ich mehr auf das Tempo als auf den mechanischen Ablauf achte.

6. Jeder gute Golfer verfügt über einen sorgfältig entwickelten Grundgedanken in bezug auf den Schwung. Mit ihnen hält er sein Spiel auf der Höhe. Unter Wettkampfdruck ist dann wahrscheinlich ein spezieller Schwunggedanke besonders hilfreich. Der für mich in allen Jahren segensreichste, ist interessanterweise der einfachste. Er lautet: »Beende Deinen Rückschwung!« Wie die meisten Golfer, so neige auch ich in kritischen Phasen dazu, meine Muskeln zu verkrampfen und mit dem Abschwung einzusetzen, bevor der Rückschwung überhaupt beendet war. Denke ich aber »Beende Deinen Rückschwung«, so warte ich mit dem Abschwung so lange, bis ich weiß, daß ich ganz aufgedreht bin und meine Arme vollständig gestreckt sind. Dieser Grundgedanke wirkt sich auf mein Schwungtempo aus, weil ein voll aufgedrehter Rückschwung ein weiches und harmonisches Schwungtempo voraussetzt.

Die günstigste Position für den nächsten Schlag

1. Weekend-Golfer sind durch die Bank viel zu sehr mit der Kraft und Weite eines Schlages beschäftigt als mit dem Problem der günstigsten Position des Balles für den nächsten Schlag. Beispiel: Die Scorekarte sagt Par-4, und ohne einen Blick auf das Fairway zu werfen, klettert Joe auf den Abschlag, nimmt den Driver und trifft den Superschlag des Monats. »Junge!« klingt es stolz zu den Mitspielern, »dem habe ich aber eine verpaßt.« Tatsächlich ist er dann 20 Meter länger als die anderen, aber dafür auch über die Kante des Hügels hinaus und muß nun ein langes Eisen aus einer stark abfallenden Lage herausschlagen.
20 Meter kürzer wäre der zweite Schlag viel leichter gewesen. So ein Joe findet sich in jedem Vierball; und man erkennt ihn daran, daß er als erster zur Brieftasche greift, das heißt, am Schluß zahlen muß.

2. Wenn ich mich beim Golf so impulsiv und gedankenlos verhalten würde wie die Joes in aller Welt, dann müßte ich als Lebensunterhalt heute noch Lebensversicherungspolicen verkaufen. Glücklicherweise habe ich aber schon vor langer Zeit eine Lektion gelernt, die anscheinend viele verpaßt haben. Für jedes Golfloch auf der Welt gibt es die Ideallinie, und je genauer Sie dieselbe ausmachen können, desto größer sind Ihre Erfolgsaussichten. Diese Ideallinie ist natürlich für jeden Spieler bzw. jede Spielerin je nach der Spielstärke verschieden und sie hängt außerdem auch von den Wetterbedingungen und der Bodenbeschaffenheit ab. Aber es gibt sie – jeden Tag, an jedem Loch, für jeden Golfer. Wenn Sie sich dazu erziehen können, diese Ideallinie vor dem Schlagen zu bestimmen, so würde das mehr als irgend ein anderer Rat oder anderes Hilfsmittel eine Verbesserung Ihres Scores bewirken.

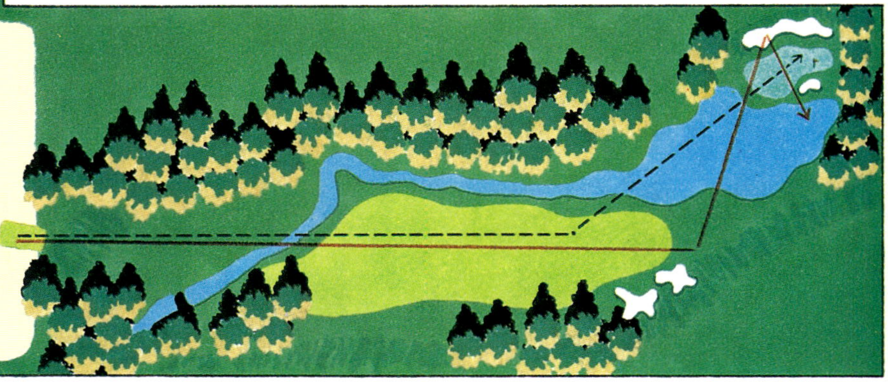

3. Sie können sich dieses »Positionsspiel« allein schon dadurch erleichtern, daß Sie Ihre Augen besser »aufmachen«. Sehen Sie zum Beispiel im Vorbeigehen das nächste zu spielende Loch, so merken Sie sich gleich die Position der Fahne: Ich wette, daß noch keine 5 Prozent der Wochenendgolfer an so etwas denken. Mir ist das längst zur Gewohnheit geworden, aber am Anfang mußte ich mich auch erst dazu erziehen.

4. Sie sollten sich vor jedem Abschlag genau darüber klar werden, was Sie erwartet, dann den Schläger wählen und festlegen, wohin Sie den Ball schlagen wollen. Wägen Sie die besonderen Risiken vor jedem Hindernis in der Relation zu Ihrer eigenen Spielstärke. Die Gewichtigkeit der einzelnen Hindernisse schaut in abfallender Reihenfolge bei mir so aus: Ausgrenze – Wasser – unspielbare Lage – Bunker mit steiler Kante – tiefes Rough – stark hängende Lage – flacher Bunker – leichtes Rough – leicht hängende Lage. Bestimmen Sie für sich diese Gewichtigkeit in der Relation zu ihren eigenen Stärken und Schwächen.

5. Sind Sie erst einmal in der Lage, alles genau zu erkennen und auszuwerten, so werden Sie mehr oder weniger automatisch den Platz bestimmen, auf den Sie Ihren Ball schlagen wollen. Sie sollten diesen Zeitpunkt aber nicht akzeptieren, wenn Sie ihn nur mit einem einmaligen Superschlag erreichen können. Überlegen Sie lieber alles noch einmal ganz realistisch und wählen Sie dann als Ziel lieber einen größeren Bereich des Fairways anstatt eines eng begrenzten Platzes. Sie müssen das wirklich ganz realistisch beurteilen, weil die Chance für einen Superschlag natürlich äußerst gering ist. Niemand ist so gut, daß er seinen Drive auf eine ganz bestimmte Stelle der Bahn plazieren könnte.

6. Sobald Sie den richtigen »Landebereich« des Balles bestimmt haben, können Sie »ins Kino gehen«. Zuerst sehen Sie (im Geist) den Flug des Balles vom Schlägerkopf ins Zielgebiet – also die gesamte Flugbahn, nachdem Sie den Ball getroffen haben.
Sehen Sie dann den Ball etwa 50 Meter nach dem Treffmoment und beobachten Sie ihn, wie er steigt, und dann mitten in das von Ihnen bestimmte Zielgebiet fällt. Sobald der Ball gelandet ist, blendet das Bild aus und Sie überlegen sich, mit welchem Schwung Sie den Ball genau dorthin schlagen können. Das sollten Sie ein paarmal wiederholen; und dann wird sich die Schlägerwahl fast von selbst ergeben. Nehmen Sie den Schläger, greifen Sie ihn fest, stellen Sie sich an den Ball, richten Sie sich aus und schlagen Sie zu.

Schräge sowie ansteigende und abfallende Bahnen

1. Je ebener die Bahn, desto leichter das Spiel. Das muß man bei der Planung jedes Schlages bedenken – vor allem vom Abschlag. Teen Sie nicht einfach irgendwo mitten zwischen den Markierungen auf – ein Fehler vieler Spieler. Suchen Sie sich eine möglichst ebene Stelle, die Ihnen für den geplanten Schlag einen sicheren Stand garantiert. Vergessen Sie nicht, daß sie bis zu zwei Schlägerlängen hinter den Markierungen sein kann. Wenn ein schlecht gebauter Abschlag insgesamt hängt, dann müssen Sie Ihren Schlag und sich selbst eben entsprechend ausrichten. Fällt der Abschlag von Ihnen aus ab, so fördert das einen Fade oder Slice. Fällt er dagegen zu Ihnen hin, dann gibt das eher ein Draw oder Hook.

2. Ziehen Sie Hänge, wie auch Hindernisse und Anspielwinkel zum Grün in Ihre Berechnungen mit ein. Je schräger die Lage, desto riskanter der Schlag – unabhängig von der Entfernung. Sie werden es häufig erleben, daß ich auf welligen Plätzen ein Eisen spiele, weil ich dadurch für den zweiten Schlag unter Umständen eine ebene Lage haben kann. Zum Loch hin abfallende Lagen sind am schlimmsten. Wenn Sie glauben, den Kamm eines Hügels mit dem Driver überspielen zu können, nur um dann steil abwärts zu liegen, so sollten Sie mit einem Holz 3 oder 4 *vor* den Kamm spielen. Selbst wenn Sie dann etwas zu kurz bleiben, haben Sie aus der zum Grün hin leicht ansteigenden Lage immer noch einen wesentlich leichteren Annäherungsschlag als aus der abfallenden Lage.

3. Seitwärts hängende Fairways müssen bei der Planung des Schlages genau so mit einkalkuliert werden wie ansteigende und abfallende Bahnen. Handelt es sich zum Beispiel um ein Dogleg nach links und die Bahn hängt von rechts nach links, um erst im letzten Teil dann eben zu verlaufen, so sollte man logischerweise den Drive auf die rechte Seite der Bahn spielen.
1. Der Schlag wird länger, weil er auf dem abfallenden Hang weiter ausrollt.
2. Der Ball springt nach dem ersten Aufsetzen um das Dogleg herum.
3. Der Ball rollt zum Schluß auf den ebenen Teil der Bahn.

4. Auch die Bodenerhebungen müssen genau beachtet werden. Nehmen wir ein praktisches Beispiel von der Pro-Tour, aus dem sich die Bedeutung der richtigen Höhenabschätzung ableiten läßt. Das 16. Loch im Whitemarsh Valley C.C. in Philadelphia hat eine Länge von 130 Metern – für die meisten Pros also ein Eisen 7. Tatsächlich aber spielen sie in der Mehrzahl ein Eisen 6. Warum? Die gestrichelte Linie zeigt es. Je höher das Ziel, desto kürzer der Bogen der Flugbahn und desto eher landet der Ball. Ein Eisen 7 würde auf ebener Bahn völlig ausreichen, wäre an diesem Loch aber mit Sicherheit zu kurz.

5. Das 8. Loch in Muirfield Village – meiner Ansicht nach das beste 3er Loch dieses Platzes – ist das entgegengesetzte Beispiel. Das Grün liegt wesentlich tiefer als der Abschlag, so daß der Flugbahnbogen mit jedem Schläger weiter sein wird als auf ebenem Gelände. Das strategische Konzept für beide Situationen liegt auf der Hand. Je höher das Ziel, desto *mehr* Schläger – je tiefer das Ziel, desto *weniger* Schläger sind nötig, um es zu erreichen, vorausgesetzt, daß die sonstigen Bedingungen gleich sind. Aber wieviel *mehr* oder *weniger?* Meine Faustregel sagt: *einen* Schläger für jede 10 Meter nach oben oder nach unten.

Was hilft beim »Fabrizieren« eines Schlages?

1. Eine gute Beobachtungsgabe gehört zum strategischen Rüstzeug eines erfolgreichen Golfers. Gleichermaßen wichtig ist die Vorstellungskraft. Jeder Golfschlag läßt sich auf eine »ideale« Weise ausführen. Je besser Sie das erkennen und sich die Ausführung vorstellen können, desto größer ist Ihre Chance für einen guten Score. Natürlich werden Sie nicht jeden Ball entsprechend Ihrer Vorstellung schlagen. Aber das soll Sie nicht davon abhalten, diesen Prozeß immer wieder zu wiederholen. Stellen Sie sich also für jeden Schlag die ideale Ausführung vor. Das gibt Ihnen zumindest eine positive Grundeinstellung. Und wenn der ideale Schlag Ihre physischen Fähigkeiten überschreitet, so sollte es der nächstbeste sein, der noch im Bereich Ihres Könnens liegt.

2. Ein Grund für meine Vorliebe für englische Küstenplätze liegt in der Notwendigkeit, Schläge zu »fabrizieren«, wie die dortigen Golfer es nennen. In den Augen schottischer Fans – den kritischsten der Welt – sind Sie kein allround Golfer, wenn Sie Ihr Spiel nicht den jeweils vorherrschenden Bedingungen anpassen können. So ist zum Beispiel der Pitch-and-Run auf diesen Küstenplätzen ein äußerst wichtiger Schlag, der mir auch in manchem Spiel der US Tour geholfen hat. Spielen Sie den Ball mit einem relativ geschlossenen Schläger und rechnen Sie damit, daß seine Fluglänge und sein Ausrollen etwa gleichlang sein werden. Es ist ein nützlicher Schlag von etwa 70 Meter an abwärts, wenn der Boden fest und trocken ist und zwischen Ihnen und der Fahne keine Hindernisse liegen.

3. Hier ist ein klassisches Beispiel dafür, wie Vorausdenken und Vorstellungskraft eine Menge Ärger ersparen können. Das 6. Loch in Muirfield Village verlangt von den meisten Spielern einen langen zweiten Schlag. Sie werden sich dabei von dem Gedanken leiten lassen, auf jeden Fall über das Wasser zu kommen; also ein hart geschlagenes langes Eisen spielen. Das Grün ist aber relativ schmal und hart, so daß ein gut getroffener Ball leicht über das Grün und ins Rough geht. Die meisten Amateure sind in der Lage, einen Fade zu spielen – genau der Schlag, den Vorausdenken und Vorstellungskraft hier empfehlen. Mit einem Holz 5 anstelle des Eisen 2 oder 3 wird der Ball höher gehen und durch seinen stärkeren Backspin auch eher auf dem Grün liegen bleiben.

5. Eine lebhafte Vorstellungskraft zahlt sich besonders beim kurzen Spiel aus, weil hier die Möglichkeiten zum Fabrizieren eines Schlages fast unbegrenzt sind. Ich spiele jetzt seit über 25 Jahren, aber es geht kein Monat vorbei, ohne daß ich in bezug auf Chip, Pitch oder Bunkerschlag nicht wieder etwas zugelernt hätte. Deshalb habe ich mir auch in meinem Garten ein Übungsgrün und einen Bunker angelegt. Gary Player findet, daß es keine Situation im Golf gibt, aus der heraus man den Ball nicht bis auf eine Puttlänge an die Fahne spielen kann, solange er sich einigermaßen ungehindert schlagen läßt. Der Schlüssel dazu liegt in der richtigen Vorstellungskraft. Außerdem braucht man den feinen »Touch« und ein gehöriges Maß an Selbstvertrauen – beides nur durch viel Experimentieren und langes Üben zu erlernen. Nehmen Sie einen Eimer Bälle, ein paar Schläger und versuchen Sie mal, ob Sie sich diese Fähigkeiten nicht auch aneignen können.

4. Will man seine Schläge den besonderen Spielbedingungen anpassen, so muß man zuerst einmal das Einmaleins von Ursache und Wirkung kennen. Höhe und seitliches Abdrehen sind dabei primär zu beachten. Ein flacher, weit ausrollender Ball wird mit geschlossenem Schlägerblatt vom rechten Fuß gespielt, wobei die Hände vor dem Ball bleiben. So wird es ein Draw oder Hook. Ein hoher, kurz ausrollender Ball wird mit offenem Schlägerblatt mehr vom linken Fuß gespielt, wobei der Schlägerkopf von den Händen und Handgelenken unter dem Ball hindurchgepeitscht wird. Es wird im Zweifel ein Fade oder ein Slice. Für einen absichtlichen Draw oder Hook richten Sie Ihre Schultern und Füße nach rechts zum Ziel aus und drehen das Schlägerblatt zu.

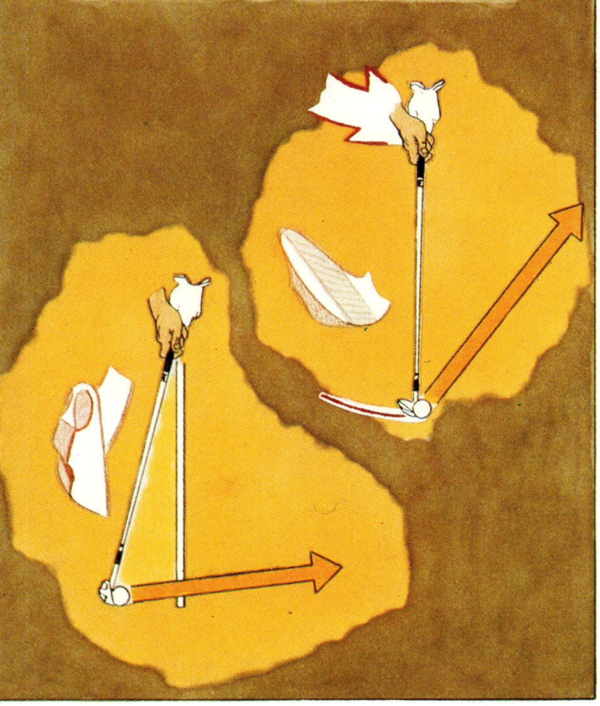

Zielansprache und Ausrichtung des Schlages

1. Das Üben auf der Driving Range kann dem Durchschnittsgolfer unter Umständen mehr schaden als nützen. Das Bemühen um einen besseren mechanischen Ablauf des Schwunges ist sicherlich lobenswert; die hindernisfreie Weite der Übungsbahn verführt aber dazu, die Bälle ziellos in die Gegend zu schlagen. Kommt der Spieler dann auf den Platz, so ist es vielmehr die Enge des Fairways als plötzlich auftauchende Schwungfehler, die sein »Übungsplatz-Können« zusammenbrechen läßt. Die Antwort lautet – immer bewußt auf ein Ziel spielen. Machen Sie es sich ab sofort zur Regel, *nie* mehr einen einzigen Schlag – auf der Runde so gut wie auf dem Übungsplatz – ohne ein klar definiertes Ziel vor Augen zu spielen. Ich befolge diese Regel seit meinem 15. Lebensjahr und habe sie seither kein einziges Mal gebrochen.

2. Die erste Zielansprache auf dem Platz geschieht auf dem Abschlag. Bestimmen Sie den Fairwaybereich, in dem Ihr Ball landen soll – unter Berücksichtigung von Bodenform, Bodenbeschaffenheit, Stellung der Fahnen, Hindernissen, und *Ihrer eigenen Spielstärke.* Für jeden Golfer gibt es eigentlich an jedem Golfloch den idealen Bereich, in den er seinen Drive plazieren sollte. Suchen Sie sich Ihren Bereich, noch bevor Sie den Ball aufteen oder einen Schläger aus der Tasche nehmen. Dann ziehen Sie in Gedanken eine Linie durch diesen Bereich und suchen Sie sich dahinter einen wie immer gearteten Markierungspunkt – einen Baum, einen Turm oder die Kante eines weiter entfernten Bunkers. Nehmen Sie dann den Schläger, mit dem Sie den Ball aller Wahrscheinlichkeit nach in diesen Bereich schlagen können, stellen Sie sich an den Ball, richten Sie sich aus und schwingen Sie frei durch den Ball hindurch.

3. Also gut – nehmen wir mal an, daß auf dem Abschlag alles gut gegangen ist, der Ball in Position A auf dem Fairway liegt und als nächstes ein Eisen 5 auf ein 25 bis 30 Meter breites Grün zu spielen ist, in dessen Mitte die Fahne steht. Nehmen wir weiterhin an, daß die natürliche Flugbahn Ihres Balles – also in 90 Prozent aller Fälle – ein Fade/Slice von links nach rechts ist. Bevor Sie aber jetzt zuschlagen, sollten Sie die folgende Überlegung anstellen. Gehen Sie mit dem zweiten Schlag genau auf die Fahne, so haben Sie – bei einem schlechten Schlag – auf beiden Seiten der Fahne etwa 15 Meter Spielraum, und es bleibt Ihnen im besten Fall ein langer Putt. Nun wollen wir doch mal sehen, was passiert, wenn Sie Ihren Fade/Slice berücksichtigen und etwa 5 bis 6 Meter nach links von der Fahne spielen. Spielen Sie den Ball wie geplant und mit der richtigen Länge, so ist er im Loch. Sollte er aber wider Erwarten schnurgerade sein, so liegt er nur 5 bis 6 Meter links von der Fahne. Wird der Fade aber doppelt so stark wie erwartet, so landet der Ball wiederum nur 5 bis 6 Meter von der Fahne, diesmal rechts.

4. Wieviel Fade oder Draw sollten Sie nun einkalkulieren, um den Ball in das Ziel hineinzudrehen? Ihre eigene Erfahrung wird diese Frage besser beantworten als ich. Als Anhaltspunkt gebe ich Ihnen aber einmal meine eigenen Werte für einen Fade, wenn ich gut in Form bin. Vom Abschlag aus rechne ich damit, daß der Ball etwa über die halbe Fairwaybreite abdrehen wird. Ich halte daher auf den linken Fairwayrand, so daß auch ein gerader Ball noch auf der Bahn liegt. Ein Eisen 3 halte ich 8 bis 10 Meter links von der Fahne; ein Eisen 5 ca. 5 bis 7 Meter und ein Eisen 8 etwa 3 bis 4 Meter, den Wedge nur ganz wenig. Denken Sie bei der Aufstellung Ihrer eigenen Werte bitte daran, daß ein Fade oder Draw mit zunehmender Schräglage des Schlägerblattes immer schwerer wird und daß ein von rechts nach links drehender Draw flacher liegt und weiter rollt als ein Fade.

5. Ich hasse blinde Löcher, aber ich lasse mich von ihnen nicht aus dem Konzept bringen. Wenn man nicht sieht, wo es lang geht, tauchen immer zwei Fragen auf: Wie weit soll man schlagen und wohin soll man spielen? Es bleibt einem also nichts anderes übrig, als sich die Sache kurz anzuschauen. Normalerweise kenne ich ja die Länge des Schlages, weil ich sie auf der Trainingsrunde abgeschritten und notiert habe. Hat das aber aus irgendeinem Grunde einmal nicht geklappt, so schätze ich zuerst die Entfernung vom Ziel bis zu dem Punkt, an dem ich es schon sehen kann und addiere dann die Entfernung von diesem Punkt zurück bis zum Ball. Zur Bestimmung der Flugrichtung merke ich mir einen Baum oder einen sonstigen hohen Gegenstand unmittelbar hinter dem Zielgebiet und achte darauf, ihn beim Zurückgehen zum Ball nicht aus den Augen zu verlieren.

Die Strategie des Drivens

1. Den Drive vom Abschlag als reine Routineangelegenheit zu behandeln, die man ohne viel Überlegen hinter sich bringt, ist ein häufiger und kostspieliger Fehler unter Spielern mit hohem Handicap. Sie stellen sich auf dem Grün ja auch nicht einfach an den Ball und hauen drauf, so in allgemeiner Richtung auf das Loch. Nein – Sie überlegen, planen und konzentrieren sich dann ganz auf das Ziel. Machen Sie es beim Drive also genauso! An allen Par-4- und Par-5-Löchern sollten Sie sich grundsätzlich bemühen, den Ball auf dem Fairway dahin zu plazieren, von wo Sie den zweiten Schlag am leichtesten spielen können. Sind Sie der Erste am Abschlag, so entscheiden Sie zuerst, was Sie versuchen wollen, stellen Sie sich den Schlag und den Flug des Balles vor und wählen Sie dann den dazu passenden Schläger. Haben Sie den Ball dann angesprochen und sich selbst ausgerichtet, so sollten Sie sich möglichst nur noch auf *einen* Schwungaspekt konzentrieren – und abschlagen!

2. Für die Entscheidung, wie der zweite Schlag am leichtesten zu spielen ist, gibt es vier wichtige Gesichtspunkte. Erstens die Hindernisse. Wie nahe Sie Ihren Drive an einem Hindernis vorbeispielen bzw. versuchen, es zu überspielen, hängt davon ab, ob das Risiko sich wirklich lohnt. Der intelligente Golfer wird das Risiko häufig vermeiden, vor allem wenn er unter Druck spielt oder es gar nicht nötig hat. Die zweite Überlegung gilt dem nächsten Schlag zur Fahne bzw. der besten Ausgangslage für den dritten Schlag, wenn man das Grün nicht in zwei erreichen kann. Auf einem gut angelegten Platz ergibt sich von einer Hälfte des Fairways meist der leichtere Schlag zum Grün. Der dritte Aspekt ist die Lage des Balles. Je hängender sie in irgend einer Richtung ist, desto schwieriger wird der Schlag. Deshalb opfere ich fast immer vom Abschlag ganz bewußt Länge, um für den zweiten Schlag eine ebene Lage zu haben (und ich bemühe mich auch, auf dem Abschlag selbst möglichst eben zu stehen). Als viertes ist der Wind zu beachten. Da gibt es dann zwei Möglichkeiten: Entweder den Ball mit einem besonderen Drall in den Wind hineinzuspielen oder den Schlag so anzulegen, daß der Wind sich voll auswirken kann.

3. Denken Sie daran, daß Länge vom Abschlag nur einen Wert hat in der Relation zur Lage des Balles nach dem Schlag. Per se gibt es für lange Drives keinen Preis. Ein gerader Ball, auf die Mitte der Bahn geschlagen, wird oft näher zum Grün liegen als ein längerer Ball, der schief war. Ein Ball, der auf kurzgeschnittenem Fairway landet, wird eventuell noch weit rollen, der im langen Gras aber nicht. Prügeln Sie also nicht, bloß um Ihr Ego zu befriedigen! Als ich vor 12 Jahren meine erste Britische Offene auf dem 6.200 m langen Platz von Muirfield in Schottland gewann, schlug ich an 56 Par-4- und Par-5-Löchern nur 17mal einen Drive. Andere schlugen ihren Ball viel weiter; aber ich bin trotzdem bei dem geblieben, was ich unter den gegebenen Bedingungen für das beste hielt. Auch in Ihrem Samstag-Vormittag-Vierer sollte ein Longhitter Sie nicht aus dem Konzept bringen.

4. Es gibt aber Situationen, in denen jeder Spieler versuchen sollte, seinen Drive vom Abschlag so weit wie möglich zu schlagen. Und das Erkennen dieser Situationen gehört zu einer guten Golf-Strategie. Ein perfektes Beispiel für die Tour-Pros ist das 15. Loch des Augusta National. Fast jeder schlägt hier mit aller Kraft zu, weil er dann mit einem zweiten, langen Eisen das Grün erreichen und mit zwei Putts ein Birdie spielen kann. Und wenn der Drive schief ist, dann ist die Strafe nicht schlimmer als ein zweiter Schlag kurz vor das Wasser, Pitch aufs Grün und zwei Putts für das Par oder vielleicht sogar nur einen für ein Birdie. An langen Par-4- oder Par-5-Löchern, die keine besonderen Probleme bieten, sollten Sie deshalb kräftig zuschlagen. Treffen Sie ihn gut, haben Sie die Chance für ein Birdie oder ein leichtes Par. Treffen Sie ihn schlecht, so können Sie den zweiten immer noch vor das Grün spielen.

5. Die Geschwindigkeit, mit der ich Beine und Hüften im Durchschwung einsetze, ist für die Geschwindigkeit des Schlägerkopfes und damit die Länge des Schlages ein wichtiger Faktor. Soll mein Drive also besonders lang sein, ändere ich meinen Stand ein wenig, um diese Geschwindigkeit zu erhöhen; das heißt, ich stelle den linken Fuß etwas mehr in Richtung auf das Ziel als sonst. Das ergibt dann beim Abschwung für den Einsatz der Beine und das Drehen der Hüften in den Schlag sozusagen einen »fliegenden Start«. Wenn das bei Ihnen nicht funktioniert, dann können Sie auch noch etwas anderes versuchen. Entspannen Sie sich vollständig vor dem Ansprechen des Balles, gehen Sie dann an an den Ball, sprechen Sie ihn an und schlagen Sie ohne weitere Verzögerung ab.

Lektion 15:

Es ist nicht so einfach, richtig aufzuteen

1. Eine Grundregel guter Golf-Strategie besagt, daß man jede sich bietende Chance nutzen soll. Bei dem einfachen Geschäft des Aufteens bieten sich gleich mehrere Chancen, die allerdings von den meisten Spielern unbewußt übersehen werden. Machen Sie es sich zur Regel, den Ball so aufzuteen, daß Sie von den schlimmsten Gefahren weg ausrichten und schlagen können. Hat das Loch zum Beispiel auf der linken Fairwayseite Bunker, rechts aber eine Out-of-bounds-Grenze, so sollten Sie den Ball auf der rechten Hälfte des Abschlages aufteen, um ihn von da auf die linke Hälfte des Fairways zu schlagen. Landet der Ball dann im Sand, so kann Sie das einen Schlag kosten, schlagen Sie ihn aber ins Aus, so kostet es auf jeden Fall zwei Schläge (stroke and distance). Liegt die größere Gefahr, zum Beispiel Wasser, dagegen links, so teen Sie links auf und spielen den Ball auf die rechte Hälfte der Bahn. Unter sonst gleichen Bedingungen werden Sie bei Seitenwind einen längeren Ball schlagen, wenn Sie ihn durch den Wind tragen lassen. Teen Sie also links auf und spielen Sie auch nach links, wenn der Wind von links kommt – und umgekehrt, sobald er von rechts bläst. Ich möchte aber noch einmal auf die Wichtigkeit hinweisen, auf dem Abschlag eine ebene Stelle für den Schlag zu finden. Dabei kann der Ball irgendwo zwischen den Markierungen und zwei Schlägerlängen hinter ihnen aufgeteet werden.

2. Im Jahr 1955 kam Ben Hogan mit einem Schlag Rückstand hinter Jack Fleck auf den letzten Abschlag eines 18-Löcher-Stechens in der Amerikanischen Offenen auf dem Olympic Club in San Francisco. Ein Sieg hätte ihm die 5. Amerikanische Offene und damit einen Rekord beschert, und er brauchte ein Birdie, um mit Jack Fleck gleichzuziehen und noch einmal über 18 Löcher zu stechen. Das 18. in Olympic ist ein relativ kurzes Par-4-Loch und für den größten Golfer seiner Zeit normalerweise überhaupt kein Problem. Der Abschlag war aber trocken und gab keinen Halt, so daß Ben beim Drive der rechte Fuß wegrutschte. Der Ball landete tief im Rough, und es kostete ihn 3 Schläge, um wieder auf die Bahn zu kommen. Er hat das später als eine der größten Enttäuschungen seiner ganzen Laufbahn bezeichnet, gab aber nur sich selbst die Schuld. Sein Kommentar: »Ich hätte mir einen festen Stand suchen müssen, so wie im Bunker. Aber ich vergaß es.«

3. Ich persönlich tee meinen Ball für den Drive immer gleich hoch auf, so daß ich ihn genau am tiefsten Punkt des Schwungbogens erwische oder gerade am Beginn des Durchschwunges nach oben. Eine meiner Ansicht nach irrige Theorie empfiehlt, den Ball für einen hohen Schlag höher und für einen flachen Ball niedriger aufzuteen. Ich lehne das als Faustregel ab und zwar aus zwei Gründen: 1. Wenn Sie nicht über das Können eines Ben Hogan verfügen, so wird der Versuch, die Flughöhe des Balles zu variieren, nur dazu führen, daß sich die Schwungbahn Ihres Schlägers ändert und damit an Sicherheit verliert. 2. Ein besonders niedrig aufgeteeter Ball bewirkt dagegen einen steileren Auftreffwinkel, mehr Backspin, einen schwächeren Durchschwung sowie eine höhere und kürzere Flugbahn. Für mich ist der Ball richtig aufgeteet, wenn seine Mitte mit der Oberkante des auf dem Boden aufliegenden Drivers in gleicher Höhe ist.

4. An Abschlägen von kurzen Löchern, die keinen Driver erfordern, kann man immer wieder Spieler beobachten, die ihren Ball nicht aufteen, sondern einfach hinlegen. Das werden Sie bei mir nie erleben, weil ich ganz einfach nicht einsehen kann, warum ich den Ball aus einer mäßigen Lage spielen soll, wenn ich das Recht auf eine perfekte Lage habe. Unabhängig von Schläger und Schlag – ich benutze auf jedem Abschlag ein Tee. Je länger das Eisen und je höher der Ball fliegen soll, desto höher werde ich ihn aufteen. So kann kein Gras den Backspin verringern, und ich schlage nicht so leicht hinter dem Ball in den Boden.

Unterschiedliche Grasbeschaffenheit

1. Die eigene Schlagtechnik muß sich auch den unterschiedlichen Grasarten und Wachstumsformen anpassen. Weder ein hohes Handicap, noch Zweifel am eigenen Können in bezug auf schwierige Schläge sollten Sie dazu verführen, diese wichtigen »Lage-Bedingungen« für unwichtig zu halten oder gar zu ignorieren. Regel 1 in bezug auf die Bodenverhältnisse betrifft die Länge und Konsistenz des Grases unmittelbar hinter dem Ball. Je länger und/oder weicher es ist, desto mehr wird es im Treffmoment zwischen Schlagfläche und Ball sein und dadurch den Backspin reduzieren. Verminderter Backspin hat aber zwei Folgen. Der Ball bleibt flacher und hat mehr Vorwärtsdrall, fliegt also weiter – der sogenannte »Flieger«, den die Pros auf der Tour fürchten. Zum zweiten ist der Auftreffwinkel des Balles flacher, so daß er leicht über das Grün hinausgeht. Man sollte in einer solchen Situation also einen höheren Ball mit einem schrägeren Schläger anstreben. Auch der Sidespin wird durch das zwischen Ball und Schlagfläche befindliche Gras verringert und damit ein absichtlicher Hook oder Slice erschwert. Das gilt natürlich besonders für Schläge aus dem Rough. Liegt der Ball im tiefen Gras, so sollten Sie keine wie immer gearteten Tricks versuchen, sondern einfach gerade herausschlagen.

2. Seien Sie in der Anwendung »Winterregeln« möglichst zurückhaltend. Verbessern Sie die Lage des Balles nur, wenn es unbedingt sein muß, sonst besteht die Gefahr einer großen Unsicherheit, wenn Sie in einem Wettspiel oder großen Turnier plötzlich wieder nach normalen Regeln spielen müssen. Muß der Ball aber besser gelegt werden, so blamieren Sie sich bitte nicht als unwissender Laie, indem Sie den Ball auf einen dicken, weichen Grasbüschel setzen. Der ideale Annäherungsschlag steigt langsam an, knickt dann scharf ab, um fast senkrecht und weich auf dem Grün zu landen. Das geht aber nur aus einer klaren und sauberen Lage. Deshalb bevorzugen die Pros auch gut gepflegtes, kurz geschnittenes Bermuda-Gras und das Schwingelgras der englischen Küstenplätze. Suchen Sie sich also nach Möglichkeit auch eine solche Lage, wenn Sie Ihren Ball besser legen müssen.

3. Es ist immer gut, die verschiedenen Grasarten zu kennen. So braucht zum Beispiel das normale Bermuda-Gras wenig Wasser und wächst auf trockenen, gut drainierten Böden. Die Fairways sind dann härter und die Bälle springen und rollen weiter. »Bent Grass«, »Poa Annua« und »Bluegrass«, die besonders im Norden wachsen, müssen bei heißem Wetter stark gewässert werden. Die Fairways sind dann eher weich und lassen, auch wenn sie kurz geschnitten sind, den Ball weniger rollen. Sind die Halme dieser nördlichen Gräser lang und naß, so gibt das leicht einen »Flieger« und weniger Backspin. Also auch hier wieder einen schrägeren Schläger nehmen und als Annäherungsschlag zum Grün lieber einen Fade als einen Draw spielen. Können Sie die Grassorte aber nicht selber analysieren, so wird Ihnen ein Wort mit dem örtlichen Pro oder Platzwart vor dem Spiel möglicherweise ein oder zwei Schläge auf der Runde sparen.

4. Kenntnis der Grasarten und die Fähigkeit, den eigenen Schlag darauf einzustellen, zahlen sich besonders beim kurzen Spiel aus. Je härter die einzelnen Halme sind und je dichter das Gras ist (zum Beispiel Bermuda), desto eher werden Sie bei einem kurzen Pitch oder Chip mit dem Schläger im Boden hängen bleiben. Bemühen Sie sich also, den Schlägerkopf mit einem festen Schwung nicht nur bis hin zum Ball zu beschleunigen, sondern noch durch ihn hindurch. In weichem Gras mag es gelingen, den Schläger nur kurz in den Ball hineinzuschlagen, aber nicht auf dem härteren Boden im Süden. Rechnen Sie auch damit, daß der Ball auf hartem, kurz geschnittenem Gras weniger ausrollen wird – vor allem beim Approach auf einem leichten Gegenhang. Pitch-and-runs heben Sie sich besser für die feineren »Bent« und Schwingelgräser auf.

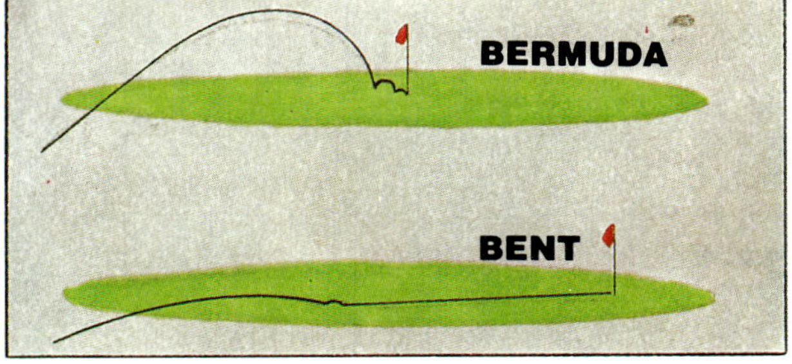

5. Bei kurzen Schlägen, natürlich besonders beim Putten, ist beim Bermuda-Gras auch die Strichrichtung wichtig. Bermuda-Gras wächst immer in Richtung der untergehenden Sonne, während die meisten weicheren Sorten wie »Bent« und »Poa Annua« der Drainage folgen. Bevor Sie aufs Grün gehen, schauen Sie also bitte, wo Ost und West sind und sich das Terrain senkt, so daß das Wasser dorthin abfließt. Ist die Strichrichtung des Grases nach diesen Kriterien aber nicht klar zu bestimmen, so können Sie auch nach dem äußeren Bild der Grasfläche gehen. Der Strich läuft von Ihnen weg, wenn die Oberfläche glänzt und auf Sie zu, wenn sie eher stumpf erscheint. Bermuda hat im allgemeinen einen ausgeprägteren Strich als die nördlichen Gräser; aber auch darauf ist nicht unbedingt Verlaß. Wenn es einige Zeit nicht geschnitten ist, kann auch das Gras im Norden so hart werden, daß es einen scheinbar geraden 1-Meter-Putt vom Loch ablenkt.

Driven an Doglegs

1. Doglegs erfordern eine besondere Planung, vor allem, wenn der Knick sehr scharf ist. Genaue Richtung ist hier wichtig; aber ebenso die exakte Länge des Schlages. Was könnte frustrierender sein als ein großartig getroffener, aber leider zu langer Ball, der über die Ecke hinaus im Wald verschwindet. Selbst Tour-Pros machen diesen Fehler, werden damit aber sicher nicht in der Spitzengruppe rangieren. Doglegs verlangen eine ganz präzise Schlägerauswahl, basierend auf der genauen Kenntnis der Länge – der des Platzes und der eigenen. Dogleg-Regel Nr. 1 lautet also: Fürchten Sie, daß der Ball mit dem Driver über die Ecke hinausgehen könnte, so nehmen Sie einen Schläger, mit dem das auf keinen Fall passieren kann, und wenn Sie den Ball auch noch so gut treffen.

2. Bevor man abschlägt, sollte man sich stets über die Position der Fahne im klaren sein. Das gilt natürlich in besonderem Maß für Doglegs. Tour-Caddies weisen uns darauf hin, wenn wir den Platz vor dem Spiel mit ihnen abgehen. Klappt das bei Ihnen aber aus irgendeinem Grund nicht, so sollten Sie wenigstens versuchen, sich im Vorbeispielen die Position der Fahnen auf den folgenden Löchern einzuprägen. Wichtig ist der optimale Anspielwinkel. Dreht das Dogleg nach rechts und die Fahne steht rechts, dann ergibt sich das beste Anspiel von der *linken* Fairwayseite. Steht die Fahne aber an demselben Loch auf der linken Grünseite, dann haben Sie das beste Anspiel, wenn Sie das Dogleg so knapp wie möglich anschneiden. Selbst wenn die Lage des Balles auf der rechten Fairwayseite vielleicht schlecht ist, so haben Sie doch zumindest einen geraden Schlag quer über die Bahn zur Fahne.

3. Doglegs müssen nicht immer auf »sicher« gespielt werden. Sie bieten dem guten Spieler manchmal die Chance, etwas aufzuholen. 1967 lag ich in der letzten Runde der New Orleans Open im Lakewood C.C. zwei Schläge hinter George Knudson, als wir zum 12. Loch kamen. Es ist ein Par-4 von 325 Metern, und ich mußte ein Birdie spielen, um noch eine Chance zum Gewinn zu bekommen. Das Loch ist ein scharfes Dogleg nach rechts über einen Wald, der out-of-bounds ist. Ich war an dem Tag gut in Form und entschloß mich, aufs Ganze zu gehen, daß heißt, direkt aufs Grün zu spielen. Ich traf den Drive hervorragend, und der Ball ging über alles hinweg 260 Meter weit direkt aufs Grün. Als ich dann auch noch den Putt zum Eagle einlochte, hoffte ich, George damit aus dem Konzept zu bringen. Aber er revanchierte sich bald mit einem Birdie und gewann am Schluß mit einem Schlag Vorsprung.

4. Das Maß des Risikos, das man an Doglegs eingehen kann, wird von der eigenen Spielstärke bestimmt. An ihr gemessen, sollte das Risiko dann so klein wie möglich gehalten werden. Spielen Sie also zum Beispiel Ihren Drive normalerweise nicht besonders hoch, so wäre es ein Fehler, damit über hohe Bäume schlagen zu wollen. Ein Holz 3 ist dann besser; und wenn das nicht lang genug ist, dann spielen Sie lieber um die Bäume herum. Vergessen Sie nicht – der Schlag könnte ja auch daneben gehen. Eine Ecke mit Wasser, dichtem Dschungel oder einem out-of-bounds zu überspielen, ist reiner Wahnsinn. Droht aber als Schlimmstes nur ein leichtes Rough oder weit auseinander stehende Bäume – und *Sie sind gut in Form* – so kann sich das Risiko lohnen.

5. Wenn Sie in der Lage sind, den Ball absichtlich nach rechts oder links abdrehen zu lassen, so kann das an Doglegs sehr nützlich sein. Zielen Sie also auf die linke Seite der Bahn und drehen Sie den Ball als Fade dann auf die Mitte, so kann das bei einem Dogleg nach rechts den Annäherungsschlag verkürzen, ohne das Risiko des zu scharfen Abschneidens der Ecke. Aber selbst wenn Sie diese Trickschläge beherrschen, dürfen Sie nicht vergessen, daß die Schlaglänge an Doglegs meistens nicht so wichtig ist. Die Löcher sind in der Mehrzahl kurz und haben kleine, gut gebunkerte Grüns. Der Anspielwinkel ist daher wichtiger als die Länge des Schlages.

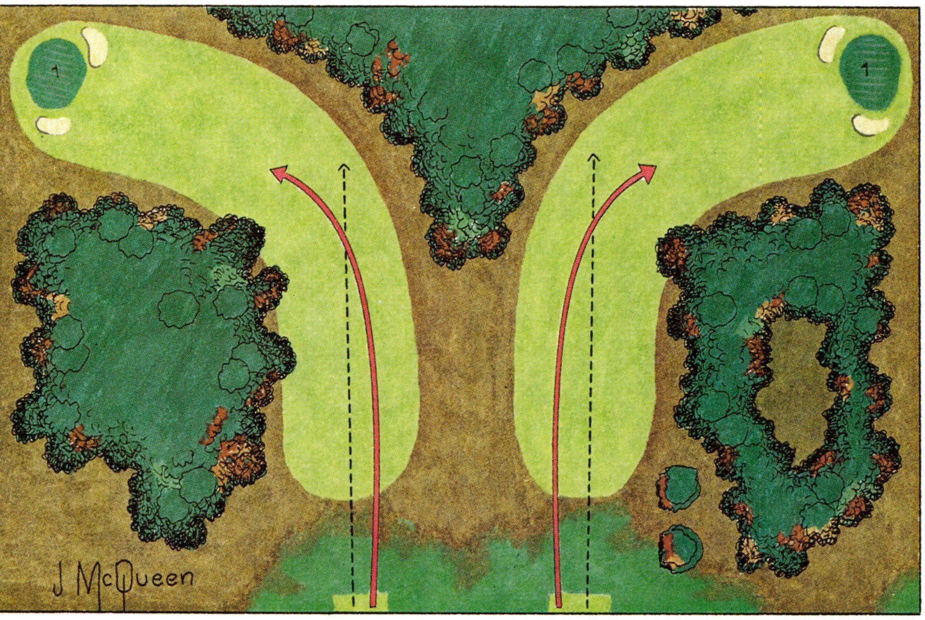

Der Entfernungsfaktor bei Annäherungsschlägen

1. Seien Sie bei Annäherungsschlägen nicht zu ehrgeizig. Als Anfänger oder Spieler mit hohem Handicap sollten Sie bei allen Annäherungsschlägen nur bestrebt sein, den Ball *irgendwohin* aufs Grün zu spielen und *nicht* etwa aufs Loch zu gehen. Der mittlere Spieler ist gut beraten, wenn er versucht, den Ball auf eine 2-Putt-Entfernung an die Fahne zu spielen. Mit viel Üben wird es dann manchmal auch 1 Putt sein. Nur der erfahrene Golfer – sagen wir mal Handicap 6 und besser – wird auf eine 1-Putt-Entfernung an die Fahne spielen und andere nur, wenn es ohne besonderes Risiko möglich ist. Zu konservativ? Zu langweilig? Nun – ich bin Realist – entweder folgt man diesen Regeln oder man akzeptiert alle die Strafen und Enttäuschungen, die ein anderes Konzept unweigerlich zur Folge hat.

2. Hier ist eine Lektion Nr. 1 für den realistisch denkenden Golfer. Schauen Sie sich nach den nächsten drei Runden mal Ihre Karte an und rechnen Sie nach, wie oft Sie mit dem Annäherungsschlag die Fahne erreicht oder überspielt haben. Ist Ihr Handicap 10 oder darüber, so wette ich, daß Sie in mindestens 2/3 der Fälle zwar auf dem Grün, aber zu kurz waren. Haben Sie ein Handicap von 18 oder mehr, dann wäre ich nicht überrascht, wenn 1/3 Ihrer Annäherungsschläge das Grün nicht einmal erreichen würde – sogar auf Ihrem Heimatplatz. Zu kurz spielen ist teuer. Warum also wiederholen Sie immer wieder den gleichen Fehler? Vielfach liegt es an reiner Selbstüberschätzung. Sie glauben, den Ball weiter zu schlagen, als Sie es tatsächlich tun oder sie möchten ihn weiter schlagen, als Sie es können. Es könnte auch sein, daß Sie mit einem bestimmten Schläger zeitweise sehr erfolgreich waren und nun glauben, daß das immer so sein müßte. Leider ist dies aber nicht der Fall! Golf ist ein Spiel der ausgelassenen Schläge – vom Anfänger bis zum Spitzenspieler. Selbst an meinen besten Tagen treffe ich auf einer Runde nicht mehr als 5 oder 6 Schläge exakt so, wie ich sie mir vorgestellt habe. Und so nehme ich bei Annäherungsschlägen grundsätzlich einen Schläger, mit dem ich garantiert »hinkomme«, selbst wenn ich den Ball nicht hundertprozentig treffe. Ich baue also eine Fehlerreserve ein.

3. Bleiben Ihre Annäherungsschläge also in der Regel zu kurz, so versuchen Sie mal das folgende Rezept: Nehmen Sie auf den nächsten 5 Runden für jeden Annäherungsschlag jeweils einen Schläger mehr als Ihrer Meinung nach an sich nötig wäre, und schwingen Sie den Schläger ganz normal. Natürlich werden auch dann noch einige Schläge danebengehen; aber Sie werden dabei ein paar Dinge lernen, die Ihre Freude am Golf sicher vergrößern wird. Einmal werden Sie erkennen, daß die »Schwierigkeiten« hinter den Grüns meistens wesentlich harmloser sind als die davor, vor allem in bezug auf Sand- und Wasserhindernisse. Und zweitens werden Sie den Ball besser und gerader schlagen, wenn Sie nicht immer unter dem inneren Zwang stehen, einen *perfekten* Schlag mit *äußerster* Länge spielen zu müssen.

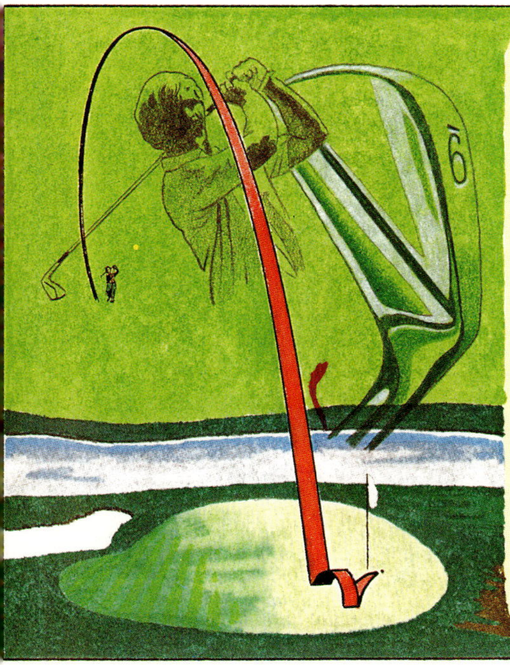

4. Wenn sich die Chance bietet, so sollten Sie mal Tour-Spieler an einem kurzen Par-4-Loch mit hochliegendem oder schnellen Grün beobachten. Obwohl viele Pros das Grün mit dem Driver wahrscheinlich erreichen könnten, werden die meisten mit einem Eisen oder Fairway-Holz abschlagen. Ein offensichtlicher Grund dafür besteht darin, daß kurze Par-4-Löcher eher schmal und mit Hindernissen gespickt sind. Weniger offensichtlich ist die Schwierigkeit, einen kürzeren Annäherungsschlag »totzulegen«. Wenn die Pros ihren Ball richtig »placieren«, dann können sie einen volleren Schlag mit entsprechend mehr Backspin spielen – also ein volles Eisen 9 anstelle eines halben Wedge.

5. Rückenwind ist entschieden angenehmer, als wenn es Ihnen genau ins Gesicht bläst. Schlagen mit dem Wind macht Spaß. Aber Vorsicht bei Annäherungsschlägen. Je stärker der Wind den Ball treibt, desto »heißer« und flacher wird er fliegen, desto härter und schneller wird er auf dem Grün aufsetzen. Also weniger Schläger nehmen und höher schlagen. Spielen Sie den Ball etwas mehr vom linken Fuß und schlagen Sie mit Händen und Handgelenken voll durch ihn hindurch. Bei Gegenwind ist es umgekehrt. Da seine Kraft schnell nachläßt, muß der Ball stark und flach in den Wind geschlagen werden. Ball etwas mehr am rechten Fuß und Hände vor dem Ball werden ihn flach halten.

Annäherungsschlag mit vollem Risiko

1. Wann sollte man mit, und wann ohne Risiko spielen? Das Für und Wider jeder einzelnen Situation können Sie nur selber abwägen; es wäre aber sicher nicht schlecht, sich daran zu erinnern, daß ein Golfturnier aus vielen Löchern besteht und daß es ein Jammer wäre, alle Chancen an einem einzigen Loch aufs Spiel zu setzen. Abgesehen von zwingenden Ausnahmefällen bin ich grundsätzlich für den sicheren und damit weiterführenden Weg. Das war immer meine Devise, und sie hat sich bezahlt gemacht – vor allem auf den schweren Plätzen der großen Meisterschaften. Die meisten hohen Handicapper halten sich wahrscheinlich deshalb nicht aus den offensichtlichen Gefahren heraus, weil sie aus lieber Gewohnheit bei allen Annäherungsschlägen grundsätzlich auf die Fahne gehen, ohne zu überlegen, wie und wo sie steht und was bei einem schlechten Schlag alles passieren kann. Diese gedankliche Faulheit wird ihr Handicap im gleichen Maß hochhalten wie die Unfähigkeit, den Ball sauber zu schlagen. Sie *müssen* in der Lage sein, eine gegebene Situation zu analysieren und Sie *müssen* dabei realistisch urteilen, wenn Sie je ein guter Spieler werden wollen. Droht also links vom Grün höchste Gefahr und steht die Fahne links, so spielen Sie bitte auf die Mitte des Grüns und verlassen Sie sich lieber auf Ihr Putten. Ein 15-Meter-Putt ist sicher kein Kinderspiel, aber immer noch zehnmal leichter als ein eingebohrter Ball im Bunker oder ein Pitch aus tiefem Rough. Und er wird Ihnen einen Schlag sparen.

2. Als Amateur habe ich natürlich das Für und Wider einer Situation noch nicht so sorgfältig abgewogen, wie ich das heute tue – aber versucht habe ich es damals auch schon. In der Amerikanischen Offenen von 1961 in Oakland Hills mißlang mir in der dritten Runde am 18. Loch, einem langen Par-4, trotz aller Anstrengungen der Annäherungsschlag. Als recovery ergaben sich entweder ein äußerst schwieriger Pitch über einen tiefen, weiten Bunker und einen kleinen Hügel oder ein wesentlich sicherer Schlag an diesen Hindernissen vorbei, dafür aber relativ weit weg vom Loch. Die Versuchung, aufs Loch zu gehen, war sehr groß. Ich entschloß mich dann aber doch für den sicheren Weg und lochte den 5-Meter-Putt zum Par beinahe ein. Ich kam dann später ins Stechen um den 4. Platz. Wäre ich das volle Risiko eingegangen, so hätte es bei einem mißlungenen Schlag leicht eine 6 oder 7 werden können, was nicht nur meinen Spielstand, sondern auch die innere Kraft für den letzten Tag höchst negativ beeinflußt hätte.

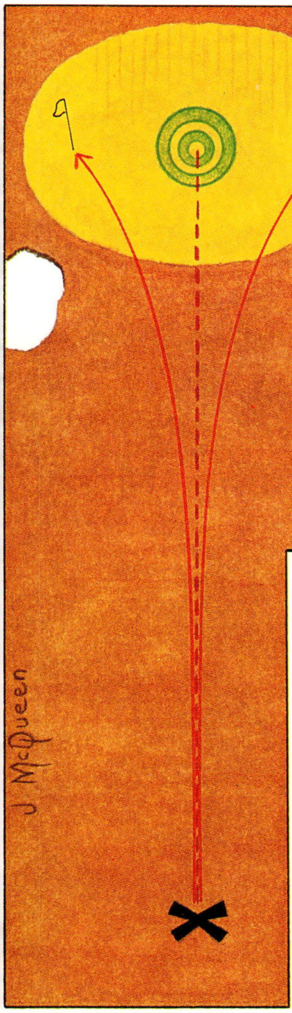

3. Ich habe mir eine Schlagtechnik angewöhnt, die ich all denen empfehlen möchte, die in der Lage sind, einen absichtlichen Fade oder Draw zu spielen. Sie heißt: »Von der Mitte des Grüns zur Fahne«. Steht die Fahne ganz an der rechten Grünseite, so zielen Sie auf die Mitte des Grüns und spielen Sie einen Fade. Ist die Fahne dagegen ganz links, dann zielen Sie wieder auf die Mitte des Grüns, spielen aber einen Draw. Auf diese Weise werden Sie häufig näher ans Loch kommen als mit einem gerade zur Fahne gespielten Schlag. Wenn Sie Ihren Ball einigermaßen kontrolliert schlagen können, dann erhöhen Sie mit dieser Taktik auch Ihren Sicherheitsspielraum; denn Sie werden den Ball nur selten so stark abdrehen, daß er nicht mehr auf dem Grün bleibt. Sollten Sie aber unbeabsichtigt einen geraden Ball schlagen, dann liegt er immer noch sehr gut mitten auf dem Grün. Wer mit seinen Schlägen nicht ganz so sicher ist, kann diese Taktik dann anwenden, wenn die Situation an dem bestimmten Loch seiner natürlichen Schlagtechnik entspricht.

4. Im letzten Absatz gebrauchte ich die Formulierung »unbeabsichtigt einen geraden Ball schlagen«, womit ich vielleicht manche Leser vor den Kopf stoße, weil der Sinn des Golfs doch angeblich darin besteht, einen Ball *gerade* von A nach B zu schlagen. Also nehmen wir einmal an, ich spiele ein Eisen 5 auf ein 25 bis 30 Meter breites Grün, in dessen Mitte die Fahne steht. Ziele ich nun auf die Fahne, so bleiben mir bei einem Hook oder Slice auf der jeweiligen Seite der Fahne nur etwa 12 bis 15 Meter Spielraum. Ziele ich dagegen etwa 7 Meter links oder rechts von der Fahne und versuche dann, den Ball mit einem Fade oder Draw zur Fahne zu ziehen, so gewinne ich damit einen viel größeren Fehlerspielraum. Ich kann den Ball jetzt bis zu 15 Meter nach links bzw. rechts verziehen und liege dann immer noch ca. 7 Meter von der Fahne.

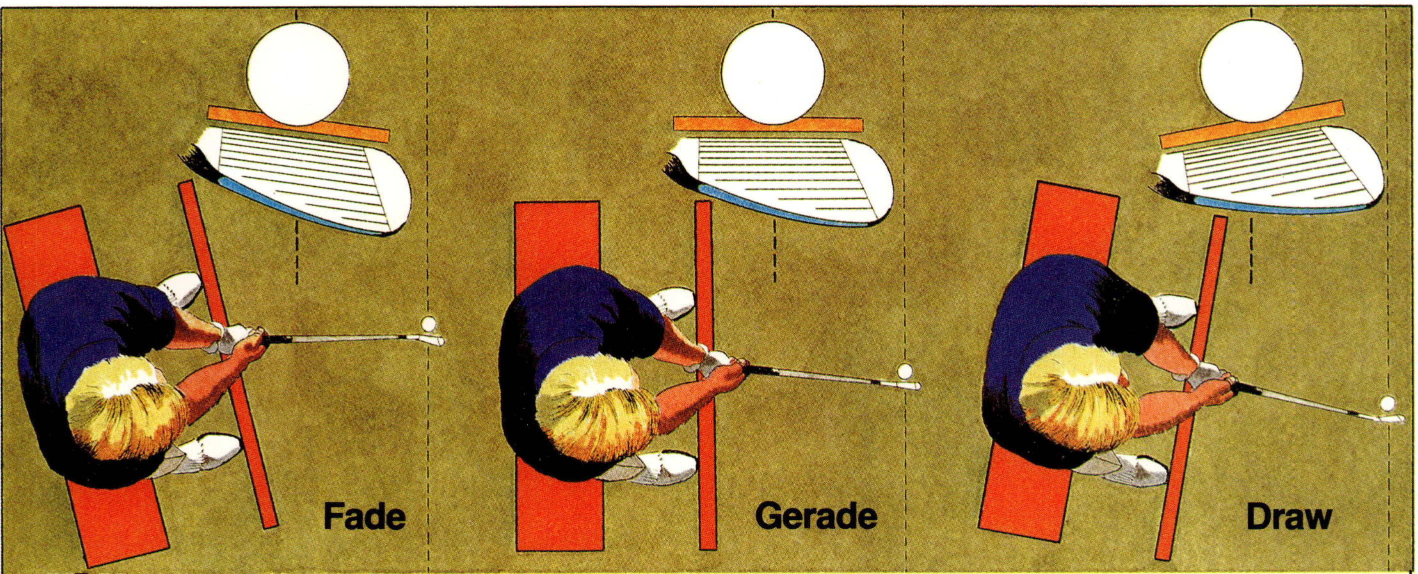

5. Ihr Schwung mag so gut sein wie er will, der Ball wird nie dahin gehen, wohin Sie ihn haben wollen, wenn Sie nicht den Schläger und sich selbst vor dem Schlag richtig ausrichten. Je höher das Handicap, desto weniger scheinen Golfer diese fundamentale Regel zu beachten. Ist Ihr Schwung also an sich in Ordnung, die Richtung der Bälle aber den Strahlen einer Gießkanne ähnlich, so sollten Sie vor allem anderen die Ausrichtung der Schlagfläche und Ihres Körpers vor dem Schlag überprüfen. Wollen Sie einen schnurgeraden Ball schlagen (trotz meiner diesbezüglichen Bemerkung im vorhergehenden Absatz), so ist das nur möglich, wenn die Schlagfläche square zum Ziel ausgerichtet ist und wenn Ihr Körper – Füße, Knie, Hüften, Schultern – parallel zur Linie zum Ziel steht. Soll es dagegen ein Fade werden, so muß die Schlagfläche etwas nach rechts vom Ziel, Ihr Körper aber etwas nach links vom Ziel ausgerichtet sein. Umgekehrt bei einem Draw. Hier zeigt die Schlagfläche nach links, während der Körper nach rechts ausgerichtet ist. Wie immer Sie den Schlag aber spielen wollen – der Erfolg steht und fällt mit der richtigen Stellung beim Ansprechen des Balles.

Wie kommt man aus dem Bunker heraus?

1. Bunkerspiel-Strategie beginnt mit der Wahl des richtigen Schlägers und der richtigen inneren Einstellung. Der richtige Schläger ist der Sand Wedge – mit einem schweren Schlägerkopf, starker Schrägstellung des Blattes und einer runden Sohle, die tiefer geht als die Vorderkante des Blattes. Das verhindert ein zu tiefes Eindringen des Schlägers in den Sand. Man kann auch mit anderen Schlägern aus dem Bunker spielen – *es ist in der Regel aber schwieriger.* Ein Sand Wedge gehört in jede Golftasche. Mit dem Erwerb des Schlägers haben Sie die Chance, einen besseren Score zu »kaufen«. Die richtige innere Einstellung soll positiv und voller Selbstvertrauen sein, basierend auf Kenntnis und Erfahrung. Die meisten Golfer fürchten Bunker, weil sie nicht wissen, wie sie wieder herauskommen sollen und weil sie diese Schläge selten oder nie üben. Die Grundtechnik des Bunkerschlages besteht darin, den Schlägerkopf unter dem Ball durch den Sand hindurch zu schneiden, ihn hindurchgleiten und gleichzeitig auch vom Sand wieder abprallen zu lassen. Dazu gibt es natürlich unzählige Variationen.

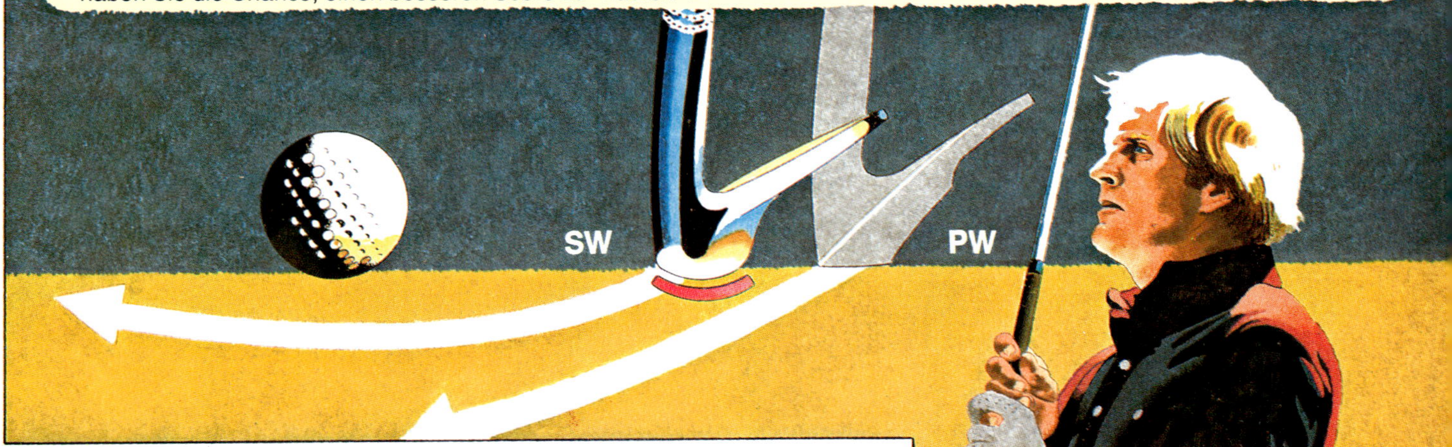

2. Regel Nummer 1 beim Bunkerspiel lautet: »Heraus mit dem ersten Schlag!« Wann immer ich versucht bin, im Bunker etwas zu Riskantes zu versuchen, erinnere ich mich daran, wie ich 1971 im Stechen mit Lee Trevino in Merion die Amerikanische Offene *verspielte,* weil ich ein paar Mal nicht aus dem Bunker herauskam. Manche Dinge sind eben aus dem Bunker möglich und manche nicht. Das muß man erkennen, akzeptieren und sein Spiel danach richten. Und im Zweifel immer den sicheren Weg gehen. Auch aus einem Fairway-Bunker gilt die gleiche Regel: Vor allem mit einem Schlag wieder auf die Bahn zurück, selbst wenn man mit dem nächsten Schlag das Grün dann nicht erreichen kann.

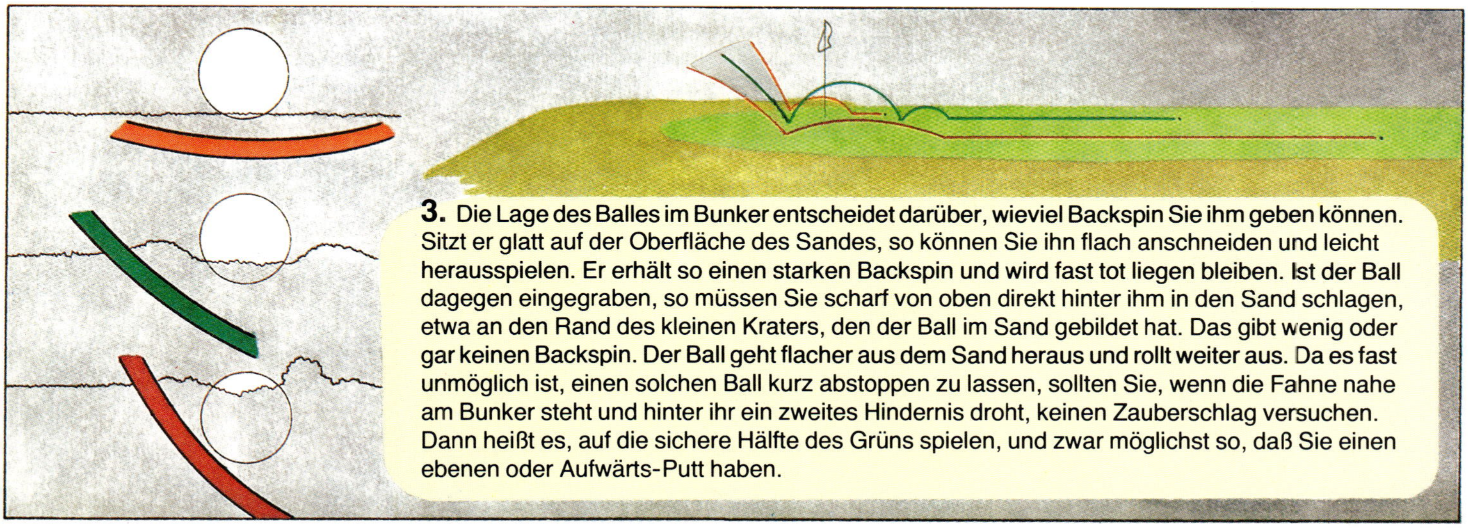

3. Die Lage des Balles im Bunker entscheidet darüber, wieviel Backspin Sie ihm geben können. Sitzt er glatt auf der Oberfläche des Sandes, so können Sie ihn flach anschneiden und leicht herausspielen. Er erhält so einen starken Backspin und wird fast tot liegen bleiben. Ist der Ball dagegen eingegraben, so müssen Sie scharf von oben direkt hinter ihm in den Sand schlagen, etwa an den Rand des kleinen Kraters, den der Ball im Sand gebildet hat. Das gibt wenig oder gar keinen Backspin. Der Ball geht flacher aus dem Sand heraus und rollt weiter aus. Da es fast unmöglich ist, einen solchen Ball kurz abstoppen zu lassen, sollten Sie, wenn die Fahne nahe am Bunker steht und hinter ihr ein zweites Hindernis droht, keinen Zauberschlag versuchen. Dann heißt es, auf die sichere Hälfte des Grüns spielen, und zwar möglichst so, daß Sie einen ebenen oder Aufwärts-Putt haben.

4. Ihre Füße sind im Bunker ein wichtiges strategisches Hilfsmittel. Wie Sie aus dem Bunker herausspielen, hängt ja in erster Linie von der Beschaffenheit des Sandes ab. Nun verbieten die Regeln zwar ein Testen des Sandes mit der Hand, aber sie sagen nichts über die Füße. Prüfen Sie also beim Hineingehen die Konsistenz des Sandes mit Ihren Augen *und* den Füßen. Wackeln Sie beim Ansprechen des Balles mit den Füßen hin und her, einmal, um Ihr Urteil über die Beschaffenheit des Sandes zu verifizieren und zum anderen, um einen festen Stand zu bekommen. Dabei können Sie sich als Faustregel merken: »Je feiner oder trockener der Sand ist, desto leichter wird der Schläger in ihn eindringen, desto flacher sollten Sie unter dem Ball hindurchschlagen oder – wenn Sie mehr in den Sand schlagen – desto fester sollte Ihr Schwung sein.

5. Der erste Gedanke des Durchschnittsgolfers im Bunker ist wohl oft: »Bloß schnell raus hier.« Diese Einstellung ist bei jedem Recovery schlecht, im Bunker aber aus zwei Gründen besonders schlimm. Einmal vergessen Sie dann völlig, den Bunkerschlag in der Relation zur Art des Grüns zu sehen. Kurze Bunkerschläge spielt man mit aufgedrehtem Schlägerblatt und schwingt von außen nach innen, woraufhin der Ball nach dem Aufsetzen von links nach rechts wegspringt. Das ist beim Ausrichten für einen Bunkerschlag aufs Grün und zur Fahne unbedingt zu beachten. Als zweites werden Sie vor lauter Angst hastig schwingen. Schwungkontrolle ist aber gerade bei Bunkerschlägen von entscheidender Bedeutung; und diese Schwungkontrolle ist nur möglich bei einem langsamen und harmonischen Schwungtempo. Ich halte gerade das für so wichtig, so daß ich meine Bunkerschläge manchmal fast wie im Zeitlupentempo schlage.

Spezielle Techniken für das Bunkerspiel

1. Je tiefer die Sohle des Sand Wedge unter seiner Vorderkante liegt, desto weniger wird der Schläger beim Schlag in den Sand eindringen. Das mag bei guten Bunkerlagen von Vorteil sein, kann aber problematisch werden, wenn der Ball teilweise oder ganz eingebohrt ist, besonders in schwerem oder nassem Sand.
Treten Sie ein paar Bälle in den Sand eines feuchten Bunkers und versuchen Sie mal einige Schläge zuerst mit dem Sand Wedge (oberer Schläger) und dann mit Ihrem Pitching Wedge (unterer Schläger) oder sogar mit dem Eisen 9. Spielen Sie die Bälle alle auf die gleiche Weise mit einem square ausgerichteten Schlägerblatt, etwas vom rechten Fuß, mit steilem Rückschwung und einem festen Schlag in den Sand etwa 1,5 Zentimeter hinter dem Ball. Es könnte sein, daß Ihnen dieser schwierige Schlag mit einem scharfkantigen Schläger leichter fällt als mit dem Sand Wedge.

2. Schläge aus Grün-Bunkern sind für den weniger erfahrenen Golfer nicht zuletzt deshalb schwierig, weil man im allgemeinen keinen vollen Schlag spielen darf. Diese Unsicherheit, wie stark man denn nun wirklich schlagen soll, merke ich oft bei meinen Pro-Am-Partnern. Gibt es dagegen ein Rezept? Nun – eigentlich kaum; abgesehen von dem »Gefühl«, das man aber nur aus langer Erfahrung und nach intensivem Üben bekommt. Eine kleine »Eselsbrücke« aber könnte folgender Tip sein: Schlagen Sie einen normalen Explosionsschlag aus einer guten Lage mit der doppelten Kraft, die Sie für einen Pitch der gleichen Länge einsetzen würden. Muß der Bunkerschlag also 10 Meter weit sein, so schlagen Sie ihn wie einen Pitch von 20 Meter.

3. Der Chip aus dem Sand erfordert Selbstvertrauen und große Präzision, kann aber unter Umständen manchen Schlag ersparen. Ich habe ihn eigentlich immer nur versucht, wenn der Sand fest und die Lage einwandfrei war, wenn der Bunker nur eine sehr kleine oder gar keine Kante hatte und wenn die Fahne so weit weg stand, daß es schwierig gewesen wäre, einen Explosionsschlag richtig zu taxieren und der Ball weit ausrollen konnte. Spielen Sie den Ball vom rechten Absatz, fassen Sie den Schläger etwas kürzer und schlagen Sie dann bei ganz stillgehaltenem Kopf fest auf die Rückseite des Balles, wobei Sie auf keinen Fall vor dem Treffmoment auf den Sand kommen dürfen. Üben Sie diesen Schlag!

4. Bei optimalen Bedingungen kann der Putt aus dem Bunker für die Mehrzahl der Spieler sicherer sein als ein Chip, weil man mit dem Putter nicht so leicht hinter dem Ball in den Sand schlägt. Der Bunker darf nur eine winzige oder besser gar keine Kante haben, der Ball muß ganz klar liegen, der Bunker flach und der Sand fest sein. Dabei habe ich herausgefunden, daß der Ball besser rollt und weniger gleitet, wenn ich ihn mehr mit der Spitze des Putters anspreche und schlage. Zum Ausgleich dieses schwächeren Kontaktes zwischen Schläger und Ball sollten Sie ein bißchen fester greifen und auch zuschlagen.

5. Beim Üben zu meiner ersten gewonnenen Britischen Offenen in Muirfield in Schottland im Jahr 1966 lernte ich von Phil Rodgers eine höchst ungewöhnliche Bunkertechnik. Ich habe sie dann bei dieser Meisterschaft nicht anwenden müssen, sie hat mir aber seither bei mancher Gelegenheit sehr geholfen. Es war mir immer ein Rätsel, wie man einen Ball spielen sollte, der so nahe an der Hinterwand des Bunkers liegt, daß man nicht annähernd normal schwingen kann. »Das machst du so«, sagte Rodgers und führte es gleichzeitig vor. »Du hebst den Schläger quasi senkrecht *vor* dir in die Höhe und winkelst dabei die Arme ab, so, als ob du mit einer Axt Holz hacken willst. Dann haust du mit der rechten Hand mit aller Kraft etwa 3 Zentimeter hinter dem Ball in den Sand. Der Schwungbogen ist also senkrecht auf und ab und nicht wie sonst nach hinten und nach vorn. Kümmere dich nicht um den Durchschwung, denn es wird keinen geben, der Schlägerkopf gräbt sich vielmehr tief in den Sand.« Das ist zweifellos kein sehr eleganter Schlag, gut ausgeführt, wird er aber in den meisten Fällen den Ball aus dem Bunker herausbringen, was in dieser Situation das einzig Wichtige ist.

Lektion 22:

Weite Schläge aus dem Bunker

1. Einen meiner besten langen Schläge aus dem Bunker spielte ich während einer Übungsrunde für die 1971er PGA Championship auf dem damaligen PGA National East Course in Florida. Bei dem 460 Meter langen 12. Loch spielte ich gegen den Wind den zweiten Schlag mit einem Holz 3 aus einem Fairwaybunker auf eine Entfernung von 225 Meter zum Birdie 3 an die Fahne. Der Schlag hatte meine Partner auf der Runde – Gary Player, Tom Weiskopf und Tony Jacklin – ganz schön aufgescheucht; aber wenn sie das Ganze etwas objektiver angeschaut hätten, wir spielten an dem Tag um ein paar Dollar, wären sie wahrscheinlich nicht so beeindruckt gewesen. Sicher war es ein prima Schlag; aber schließlich waren die Bedingungen auch besonders günstig: Fester Sand, klare Lage des Balles, ganz eben und ein Bunker ohne Kante.

2. Liegen Sie in einem Fairway-Bunker eher schlecht, so sollten Sie bei dem Schlag nicht an Länge denken, sondern daran, ihn in eine gute Ausgangsposition für den nächsten Schlag zu spielen. Ich habe für die Beurteilung der Lage drei Regeln aufgestellt: A) Je tiefer der Ball im Sand sitzt, desto schwerer ist es, ihn sauber zu treffen und weit zu schlagen. B) Je schiefer oder unbequemer Sie im Bunker stehen, desto schiefer kann auch Ihr Bunkerschlag werden, selbst wenn er lang ist. C) Je höher die Bunkerkante vor Ihnen ist, desto schräger muß Ihr Schläger sein und desto kürzer wird der Schlag. Trifft nun einer dieser Umstände zu, oder kommen womöglich alle drei zusammen, so sollten Sie genau überlegen, welcher Weg am sichersten ist und für den nächsten Schlag die beste Ausgangsposition bietet. Bei schlechter Lage und/oder Stand ist es wahrscheinlich am vernünftigsten, mit dem Sand Wedge seitwärts herauszuexplodieren. Ist die Lage etwas besser, so können Sie vielleicht mit einem Eisen 8 oder 9 schräg herausschlagen und dadurch näher ans Grün kommen. Was immer Sie aber tun: Machen Sie vor allem aus dem ersten Fehler keine weitere Katastrophe.

3. Selbst wenn Sie glauben, aufs Ganze gehen zu können, sollten Sie pro und contra genau abschätzen und sich in jedem Fall genügend Spielraum für mögliche Fehler lassen. Liegt zum Beispiel auf der rechten Seite des Grüns ein ausgedehntes Wasserhindernis und steht die Fahne zu allem Überfluß auch noch rechts, so halten Sie unbedingt nach links und hoffen dann lieber auf einen guten Putt. Liegen dagegen zwischen Ihnen und dem Grün Hindernisse, die Sie nur mit einem perfekten Schlag überspielen können, so sollten Sie lieber kurz bleiben. Zur eigenen Befriedigung mag Länge per se ganz schön sein, auf den Score aber kann sie sich unter Umständen verheerend auswirken. Wenn Sie also glauben, aus dem Sand einen langen Schlag spielen zu können, tun Sie es nur nach genauer Überlegung.

4. Sie können sich das saubere Treffen des Balles dadurch erleichtern, daß Sie ihn leicht vom rechten Fuß spielen, so daß die Hände bis nach dem Treffmoment vor dem Ball bleiben. Das hat allerdings zur Folge, daß der Schläger von seinem Loft verliert, was Sie bei der Schlägerwahl ausgleichen müssen – also ein Eisen 5 oder 6 anstelle einer 4. Unabhängig von der Schlägerwahl müssen Sie noch daran denken, den Schläger etwas kürzer zu fassen, um dadurch den Höhenverlust auszugleichen, den Sie selbst durch das Eingraben der Füße im Sand erleiden. Und noch ein Tip: Schaue ich beim Ansprechen auf die Oberseite des Balles anstatt auf die Rückseite, so fällt es mir leichter, ihn sauber zu treffen, vor allem, wenn er nicht besonders gut liegt.

5. Was aber ist zu tun, wenn Sie aus einer miesen Lage unbedingt einen langen Schlag spielen müssen, wenn dieses Risiko Ihre einzige Chance ist, in einem Lochwettspiel am Leben zu bleiben? Die beste Technik in diesem Fall ist wahrscheinlich ein Schlag, den ich als »cut blast« bezeichnen möchte. Stellen Sie sich dazu fest in den Sand und sprechen Sie den Ball ganz normal an. Zielen Sie etwas nach links, um das zu erwartende Abdrehen des Balles nach rechts auszugleichen. Drehen Sie das Schlägerblatt auf und schwingen Sie nach außen hoch, um den Ball von außen nach innen so voll zu schlagen wie Sie können, ohne das Gleichgewicht zu verlieren. Schlagen Sie so nahe hinter dem Ball in den Sand, wie seine Konsistenz es erlaubt, und zwar vor allem mit der rechten Hand, damit die Handgelenke nicht im Treffmoment überrollen und das Schlägerblatt zudrehen können. Das ist kein eleganter Schlag; aber er kann mit Ausnahme des Drivers und Putters fast mit jedem Schläger gespielt werden. Gut getroffen, wird der Ball etwa zwei Schlägernummern kürzer sein als vom Fairway.

Lektion 23:

Der Schwung beim Putten

1. Sie mögen den Ball vom Abschlag bis zum Grün so gut spielen, wie Sie wollen – der Score wird Ihr wahres Können erst dann zeigen, wenn Sie den Ball auf dem Grün mit wenigen Schlägen einlochen können. Und wenn Sie alle sonstigen Schläge auch relativ schlecht treffen, so können Sie den Score durch gutes Putten immer noch einigermaßen retten. Vergessen Sie das bitte nicht, wenn Sie es im Golf zu etwas bringen wollen. Ich habe eine ganze Menge großer Turniere zu Zeiten gewonnen, in denen mein Spiel vom Abschlag bis zum Grün alles andere als hervorragend war, aber ich kann mich an keinen einzigen Sieg erinnern, wenn das lange Spiel gut, aber das Putten schlecht war. Deshalb habe ich mir in meinem Garten ein Putting Grün angelegt, um es mindestens so intensiv üben zu können wie die langen Schläge.

2. Wenn Sie fest daran glauben, daß Sie den Ball in die Nähe des Loches oder sogar hineinbringen können, so wird es Ihnen auch häufig gelingen – wenn nicht, werden Sie auch nicht erfolgreich putten. Deshalb meine ich, daß man beim Putten eine negative Einstellung unter allen Umständen vermeiden muß, vor allem die bei so manchem Golfer tief eingewurzelte Vorstellung, daß das Putten eigentlich gar kein Teil der wirklichen Herausforderung des Golfs darstellt. Ich will damit sagen, versuchen Sie nicht, das Putten als etwas Lästiges abzutun, akzeptieren Sie es vielmehr als eine ganz besondere Herausforderung, so wie Sie andere Teile des Spiels auch akzeptieren. Ich verspreche Ihnen, je positiver Sie dem Putten gegenüber innerlich eingestellt sind, desto besser werden Sie tatsächlich putten und desto besser wird dann auch Ihr Score.

3. Die positive Einstellung zum Putten dokumentiert sich unter anderem darin, daß man eine genaue Vorstellung davon hat, was man mit dem Ball machen will. Man muß sich also entscheiden, ob man ein »Angreifer« ist, oder ob man die Bälle am Loch eher »sterben« lassen will. Der größte Angreifer zu meiner Zeit war Arnold Palmer, der auf dem Höhepunkt seiner Laufbahn den Ball so hart schlug, daß er ihn buchstäblich ins Loch jagte. Ich bin mehr für die Methode des »Sterbenlassens«; das heißt, mein Ball soll mit letzter Kraft gerade noch ins Loch fallen, oder – wenn er nicht die Mitte des Loches, sondern die Seite erwischt – durch sein eigenes Gewicht hineinplumpsen. Wahrscheinlich putte ich ganz instinktiv so; aber ich finde, daß es auch weniger nervenaufreibend ist als die »Angriffe«.

4. Schauen Sie sich mal die großen Putt-Experten an, und Sie werden feststellen, daß sich jeder von ihnen eine bestimmte Methode zurechtgezimmert hat. Wenn Sie es noch nicht getan haben, so sollten Sie diesem Beispiel ruhig folgen und dabei die nachstehenden Faktoren beachten: 1. Genügend Zeit, um Grasart sowie Wellen und Schnelligkeit des Grüns zu erkennen. Trödeln und zögern Sie nicht, aber auch nicht hetzen, um mit dem Putt möglichst schnell fertig zu werden. 2. Ein positiver Plan, auf den ersten Erkenntnissen basierend und eine genaue Vorstellung davon, wie Linie und Kraft des Schlages sein sollten. 3. Ein klares Bild darüber, wie der Ball über das Grün und ins Loch rollt. 4. Vorbereitung auf den Schlag, um das physische Gefühl für die Ausführung zu optimieren, so wie man sie sich vorgestellt und geplant hat. 5. Irgendein Mittel zur Entspannung der Muskeln wie ein oder zwei Probeschwünge und eine erneute Vorstellung davon, wie der Schlag ablaufen soll. 6. Der Mut, erst dann zuzuschlagen, wenn man voll und ganz dazu bereit ist.

5. Es gibt eine Menge Gründe – Körperbau, Alter, Kraft ect. – dafür, daß Sie das Grün nur in einer bestimmten Anzahl von Schlägen erreichen, und nicht mit weniger. Klappt Ihr Spiel im allgemeinen aber gut und Augen und Hände arbeiten richtig zusammen, so besteht kein Anlaß, daß Sie nicht ein genauso guter Putter werden können wie irgendeiner der Großen in der Geschichte dieses Spiels. Die meisten Pro-Turniere werden heute mit durchschnittlich 120 Putts für 72 Löcher, das heißt mit 30 Putts pro Runde gewonnen. Stellen Sie doch mal Ihren Standard im Durchschnitt von 10 Runden fest. Liegt er bei 30, so üben Sie bitte nur noch das lange Spiel, denn Ihr Putten ist bereits meisterhaft. Liegt er bei 36 oder darüber, so lassen sich wahrscheinlich Ihr Schlag, das Lesen des Grüns und vielleicht auch die innere Einstellung verbessern. Benötigen Sie aber pro Runde 40 oder mehr Putts, so ist schon eine größere Operation in allen Bereichen erforderlich.

Wie verbessere ich mein Putten noch vor dem Grün

1. Besseres Putten verbessert selbstverständlich den Score. Es tut aber noch mehr – es verringert auch den inneren Druck in bezug auf Ihr langes Spiel. Jeder halbwegs erfahrene Golfer ist schon durch diesen Teufelskreis gegangen, bei dem er immer häufiger 3 Putts nimmt oder leichte Putts ausläßt, so daß er versucht, den Ball vom Fairway möglichst nahe an die Fahne zu spielen und demzufolge einen längeren Drive zu schlagen . . . und so weiter, bis er am Ende alle Schläge so preßt, daß er selbst mit dem Schwung von Ben Hogan nicht unter 90 bleiben könnte. Wie kann man aus diesem Trauma herauskommen? Für mich lag die Lösung eigentlich immer eher auf dem Übungsgrün als auf der Driving Range – und dazu kommt natürlich auch ein bißchen Denkarbeit und Ausdauer.

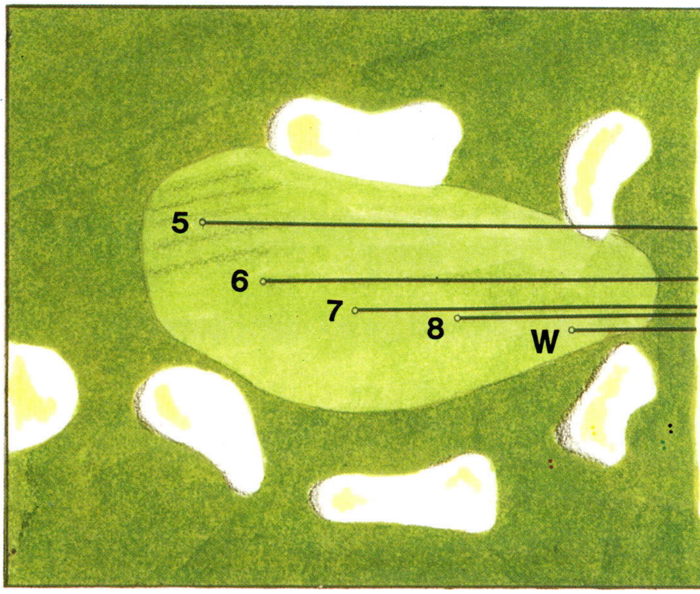

2. Viele Amateure bringen sich mit ihren Annäherungsschlägen in eine 3-Putt-Distanz zum Loch, bloß weil sie die Position der Fahne im Verhältnis zur Größe des Grüns nicht beachtet haben. Große Grüns – und vor allem lange – sind ein typisches Zeichen vieler moderner Plätze. Wenn man dann für den Annäherungsschlag nicht den richtigen Schläger genommen hat, kann das Putten ein ganz schönes Problem werden. Pleasant Valley in Sutton, Mass., Austragungsort des American Optical Tournament, ist ein klassisches Beispiel dafür. Das zweite Grün, ein Monstrum von 70 Meter Tiefe, verlangt für den Annäherungsschlag je nach Stellung der Fahne alles zwischen einem Wedge und einem Eisen 5, und am 14. war es noch schlimmer, da schwankte es bei mir zwischen einem Eisen 6 und einem Holz 3. Diese beiden Grüns sind natürlich Ausnahmen; aber das Argument gilt: Nehmen Sie einen zu schwachen Schläger, so werden Sie mit Riesenputts konfrontiert.

3. Je schneller die Grüns sind, desto lieber sind sie mir, vorausgesetzt, sie sind weich und trocken. Nicht etwa, weil schnelle Grüns leichter zu putten wären als langsame – es ist eher umgekehrt –, sondern wegen der Wirkung auf meine Gegner. Je schwieriger die Bedingungen sind, desto schneller wird sich die Spreu vom Weizen trennen und desto weniger werden der Zufall oder eine momentane Glückssträhne eine entscheidende Rolle spielen. Je schneller das Grün ist, desto vorsichtiger bin ich bei allen Annäherungsschlägen und besonders bei Recoveries aus der Nähe des Grüns, immer mit dem Ziel, als nächstes möglichst einen Aufwärtsputt zum Loch zu haben. Meiner Schätzung nach sind nämlich die meisten Meisterschaften durch kurze Abwärtsputts verloren worden. Die Vorsicht geht bei mir so weit, daß ich lieber einen seitwärts hängenden als einen geraden Putt steil abwärts zum Loch spiele.

4. Wenn Sie von der Grünkante chippen oder putten müssen, sollte Ihre Entscheidung in allererster Linie von der Beschaffenheit des Grases abhängen. Ist es nicht sehr eben und kurz, so werden Sie einen Putt nur schwer kontrollieren können. Ist das Vorgrün allerdings in gutem Zustand, so überprüfen Sie Ihr Selbstvertrauen und wählen den Schläger, der Ihnen am meisten liegt und von dem Sie sicher sind, daß der Schlag mit ihm gelingt. Ich ziehe vom Vorgrün den Putter vor, da ich auf einer Runde viel öfter putte als chippe.

5. In einem Viererball wird der zuerst puttende Spieler häufig die Fahne herausnehmen und weglegen und die anderen Spieler werden es dann meistens dabei belassen. Ich finde aber, daß Sie damit auf eine optimale Zielansprache verzichten, selbst wenn das Loch klar zu sehen ist. Bei allen Putts über, sagen wir mal, 8 Meter ist die Fahne im Loch für mich eine Hilfe bei der Schätzung der Entfernung und bei meiner Ausrichtung zu diesem Putt. In diesen Fällen, und wenn das Loch im Schatten liegt, wird mein Caddie immer die Fahne für mich halten.

Wie lese ich ein Grün?

1. Freundliche Ratschläge gibt es auf dem Golfplatz meistens in jeder Menge und nirgendwo mehr als auf den Grüns. Eine gute Erziehung mag verlangen, daß Sie »zuhören«; aber ich möchte Ihnen doch eher raten »wegzuhören«. Aus drei Gründen empfehle ich Ihnen, lieber Ihre eigenen Beobachtungen zu machen und Ihre eigenen Rückschlüsse daraus zu ziehen: 1. Das seitliche Abrollen eines Putts hängt zum großen Teil von der Kraft ab, mit der er geschlagen wird und die kennt niemand außer Ihnen selbst. 2. Langes Diskutieren über die Puttlinie lenkt Sie womöglich von der Entfernungsschätzung ab, die im allgemeinen der schwierige Faktor ist. 3. Sie sollten sich vor dem Schlag über Ihre Absichten völlig im klaren sein. Das können Sie aber nicht, wenn fremde Einflüsse Sie stören.

2. Wenn Sie mich auf Turnieren beobachten, werden Sie feststellen, daß ich mich beim Überprüfen eines Putts meistens hinhocke, sei es hinter dem Ball oder auf der anderen Seite des Loches. Aus dieser Stellung heraus kann ich Wellen und sonstige Konturen des Grüns am besten erkennen. Flach auf den Boden legen, um das Grün aus der »Wurm-Perspektive« zu sehen, mag noch besser erscheinen; meiner Erfahrung nach kann man so aber höchstens das Gelände in unmittelbarer Nähe wirklich erkennen und außerdem ist es für die Kleider auch nicht gerade ideal. Dagegen wird man aufrecht stehend zwar den weiter entfernten Teil des Grüns gut überschauen, Bodenunebenheiten im Vordergrund dafür aber leichter übersehen. Aus der Hockstellung hat man wirklich den besten Allgemeinüberblick.

3. Sollte man die Puttlinie grundsätzlich von beiden Seiten des Loches anschauen? Meine Antwort ist ein klares Nein! Können Sie vom Ball zum Loch (was man immer als erstes tun sollte) alles erkennen, was Sie wissen wollen, so zögern Sie nicht unnötig und spielen Sie Ihren Ball. Sie laufen auf diese Weise nicht Gefahr, durch die zweite Prüfung von hinter dem Loch in Ihrem Urteil unsicher zu werden, wenn diese Prüfung sich womöglich nicht mit dem ersten Eindruck deckt. Haben Sie aber von der einen Seite irgendwelche Zweifel in bezug auf den betreffenden Putt, so kann die zweite Kontrolle von der anderen Seite des Loches den ersten Eindruck bestätigen oder verbessern. Und wenn Sie dann immer noch nicht zufrieden sind, dann können Sie sich das ganze noch von der Seite anschauen und dabei vielleicht Bodenwellen erkennen.

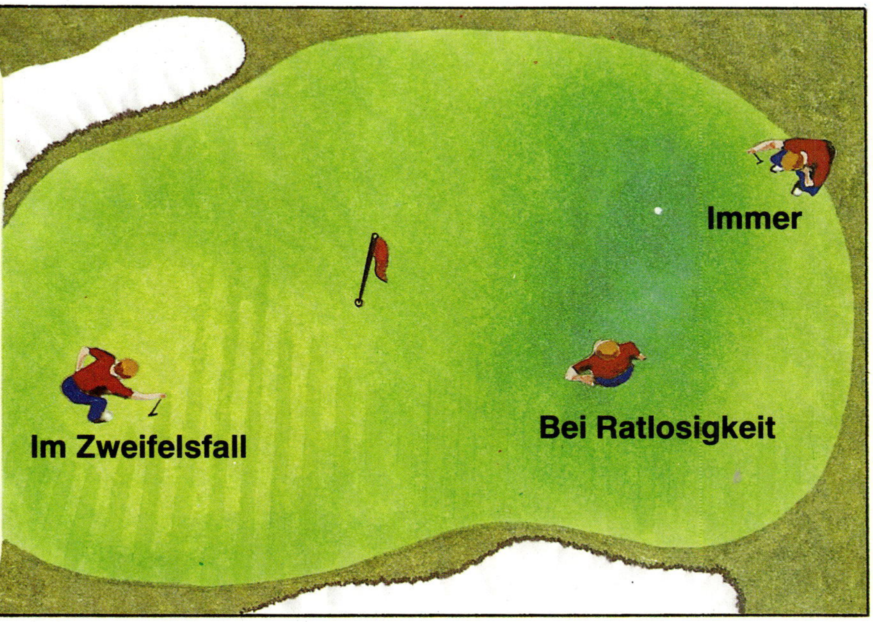

4. Achten Sie auch darauf, die Wachstumsrichtung des Grases richtig zu erkennen und zu beurteilen. Die meisten Gräser schauen stumpf oder schmutzig aus, wenn sie auf Sie zuwachsen und eher glänzend, wenn der Wuchs von Ihnen weggeht. Sie können auch danach gehen, wo Westen liegt und wo das nächste Wasser fließt. Gras wächst im allgemeinen in Richtung der untergehenden Sonne oder zum nächsten fließenden Wasser hin. Wächst das Gras auf Sie zu, rollt der Ball langsamer und Sie müssen stärker schlagen – im umgekehrten Fall entsprechend weniger. Wächst das Gras quer zu Ihrer Puttlinie, so wird der Ball in diese Richtung ablaufen. Das kann gerade bei kurzen, quer zur Graslage gespielten Putts sehr wichtig sein und muß genau einkalkuliert werden, wenn der Ball – so wie ich es weiter vorn beschrieben habe – mit seiner letzten Umdrehung ins Loch fallen soll. Bei langen Putts wird der Ball mit abnehmender Geschwindigkeit immer stärker in die Richtung des quer zur Puttlinie wachsenden Grases ablaufen – vor allem, wenn das Grün auch noch nach derselben Richtung abfällt. Die Richtung des Grases wird sich gegen Ende eines Tages auf alle Putts entsprechend stärker auswirken.

5. Es kann schon mal passieren, daß ein Putt beim ersten Hinschauen nach der einen Seite abzulaufen droht und daß das Bild von der anderen Seite genau umgekehrt erscheint. Seit ich meine erste Amerikanische Amateurmeisterschaft in Broadmoor in den Colorado Rockies gewann, mache ich meine Entscheidung von der allgemeinen Gestaltung des Geländes abhängig. In Broadmoor fallen die Grüns mit der Hanglage des Geländes von den Bergen weg, selbst wenn der erste Eindruck genau das Gegenteil ergibt. Ähnliche optische Täuschungen können Sie auf manchen hügeligen oder welligen Plätzen erleben. Die unmittelbare Umgebung des Grüns beantwortet die Frage aber meistens richtig. Wenn der Putt also überhaupt abläuft, so wird es fast immer in Richtung der allgemeinen Hanglage sein.

Lektion 26:

Die Taktik des langen Putts

1. In Pro-Ams erlebe ich es immer wieder, daß einer meiner Amateurpartner einen langen Putt spielt, ohne die ganze Situation auch nur annähernd richtig anzuschauen. Er schimpft dann Zeter und Mordio, wenn der Ball meilenweit zu kurz, zu weit oder schief ist. Ein derart unüberlegtes Putten mag bei einer reinen Trainingsrunde noch dahingehen, im ernsthaften Spiel aber ist es ein ganz schlechter Stil.
Je länger ein Putt ist, desto größer sind schließlich die Chancen, daß der Ball in wechselnden Richtungen abläuft, besonders nasse oder trockene Stellen des Grüns passieren muß oder auch verschieden dichtes Gras, das so oder so wächst. All das wird den Lauf des Balles beeinflussen. Deshalb gehe ich lange Putts häufig in voller Länge ab und schaue sie mir von beiden Seiten des Loches an. Das Abschreiten sehr langer Putts gibt mir irgendwie ein Gefühl für die »Gewichtigkeit« des Schlages, der nötig ist, um den Ball ans Loch zu bekommen.

2. Ich möchte Ihnen für extrem lange Putts noch ein paar Tips geben, die mir im Laufe der Jahre sehr geholfen haben. Stehen Sie so aufrecht wie möglich über dem Ball, um das Grün zwischen sich und dem Loch besser überschauen und die Entfernung besser abschätzen zu können. Konzentrieren Sie sich mehr darauf, den Ball voll und sauber zu treffen als darauf, die Linie zum Loch präzise einzuhalten. Bei solchen Riesenputts ist man nämlich viel eher 3 Meter zu kurz als 3 Meter hinter oder rechts vom Loch. Und seien Sie schließlich nicht zu geizig mit Ihrem Schlag. Aus 15 bis 20 Meter Entfernung können Sie froh und dankbar sein, wenn Sie den Ball bis auf ca. 1 Meter an die Fahne bekommen. Nehmen Sie sich das als Ziel und nicht gleich das Loch. Ich denke mir bei solchen Gelegenheiten oft einen Kreis von 2 Metern Durchmesser um das Loch herum und versuche dann, den Ball in diesem Kreis »totzulegen«. Das gibt mir einen Fehlerspielraum von zwei Metern – einen Meter zu kurz und einen Meter zu weit.

3. Bei kurzen Putts spiele ich manchmal einen Fixpunkt auf der Linie zum Loch an, bei langen Putts konzentriere ich mich dagegen lieber auf die Linie als ganzes, weil einzelne Fixpunkte dann leicht verwirren können. Allerdings habe ich dieses Prinzip bei Schlangenlinienputts durchbrochen. Ich verfolge dabei die Puttlinie bis zum ersten »Break« und nehme ihn als ersten Fixpunkt – von dort weiter bis zum zweiten Break und damit zweiten Fixpunkt. Beim Putt selbst konzentrieren Sie sich dann nur auf den ersten Break, und wenn der Ball diesen Punkt richtig passiert, wird er sich auch am zweiten Break Ihrer Berechnung nach verhalten. Bei all den »Richtungsüberlegungen« dürfen Sie natürlich die Länge des Putts und damit die für den Schlag notwendige Kraft nicht vergessen.

4. Bringen Sie die langen Putts nur schwer an die Fahne, so sollten Sie sowohl Ihren Schlag als auch Ihre Technik des »Grünlesens« untersuchen. Der Versuch, den Putterkopf sozusagen mit Gewalt durch den Ball hindurchzuschlagen, führt mit Sicherheit dazu, daß Ihre »Schußrichtung« und die Ausrichtung des Schlägerblattes schief werden. Haben Sie bei sich selbst diesen Verdacht, dann nichts wie aufs Puttinggrün. Und hier versuchen Sie dann, die richtige Länge weniger durch die Kraft des Schlages als durch die Länge des Rückschwunges zu erreichen. Ich bemühe mich, den Schlägerkopf bei allen Putts im gleichen Rhythmus zu schwingen, bei dem ich ein lockeres Gefühl habe.

5. Bei der »Arbeit« an Ihrem Putten müssen Sie im Endeffekt so weit kommen, daß Sie den Ball regelmäßig mit dem »Sweet Spot« des Putters treffen und daß der Schlägerkopf sich durch den Ball hindurch beschleunigt. Das Tempo des Puttschwunges halte ich für noch wichtiger als seine mechanische Ausführung, wenn es darum geht, die Putts ans Loch zu bringen. Halten Sie aber stets ein wachsames Auge auf das Tempo und den Rhythmus Ihres Putts. Und gerade bei langen Putts sollten Sie beim Lesen des Grüns sowohl an die Linie des Putts als auch an die für den Schlag notwendige Kraft denken. Beobachten Sie mal Ihre Partner und Sie werden feststellen, daß sehr viel mehr Approach-Putts viel zu kurz bleiben und weit über das Loch hinausgehen, als daß sie völlig aus der Linie sind. Die Linie eines Putts wird von den meisten Spielern intuitiv »gesehen« und erfaßt; mit der »Gewichtigkeit« des Schlages tun Sie sich da sehr viel schwerer.

Lektion 27:

Die Strategie der kurzen Putts

1. Wenn mein erster großer Sieg als Pro, die Amerikanische Offene im Jahr 1962, von einem einzigen Schlag abhing, so war es ein 1,5-Meter-Putt, den ich am 71. Loch in Oakmont einlochen mußte, um mit Arnold Palmer gleichzuziehen und mit ihm zu stechen. Es war ein widerlicher Schlangenlinienputt mit Breaks nach rechts und links. Daß, und wie ich ihn eingelocht habe, ist mir für alle Zeiten eine Lehre geblieben. Je mehr Sie bei kurzen Putts unter Druck stehen, weil Sie ins Loch »müssen«, desto eher sollten Sie mutig putten. Ich wußte, daß ich bei diesem Spielstand nicht mehr die Nerven hatte, einen weich geschlagenen Schlangenlinienputt zu berechnen und zu spielen und entschloß mich daher, ihn so stark zu putten, daß jegliches Abrollen mehr oder weniger ausgeschaltet wurde. Ich traf den Ball dann so hart, daß Bobby Jones, der es am Fernsehen verfolgt hatte, mir hinterher schrieb: »Als Ihr Ball im Loch verschwand, bin ich vor Begeisterung beinahe aus meinem Rollstuhl gesprungen.« Diese Taktik, unter Druck mutig zu putten, funktioniert bei mir wahrscheinlich deshalb so gut, weil sie die durch den Adrenalinschub ausgelöste Aggressivität richtig umsetzt.

2. Soll der kurze, hängende Putt sanft ins Loch »plumpsen«, so müssen Geschwindigkeit und Richtung haargenau berechnet werden; während man durch kräftigeres Zuschlagen die Ablenkungskräfte weitgehend ausschalten kann. Wenn ich gut in Form bin oder unter starkem Druck stehe, so wie seinerzeit in Oakmont, versuche ich eigentlich immer, hängende Aufwärtsputts fest aufs Loch zu schlagen und nicht, sie raffiniert hineinzumanövrieren. Der stärker geschlagene Ball wird dabei kaum abgelenkt und die etwas höher liegende Hinterkante des Loches wird ihn besser abstoppen, als das auf einem ebenen Grün der Fall wäre. Bei kurzen, hängenden Abwärtsputts verfolge ich jedoch die genau entgegengesetzte Taktik. Nach genauer Abschätzung von Richtung und Geschwindigkeit bin ich in dieser Lage bestrebt, den Ball sanft von vorn ins Loch fallen zu lassen; nicht zuletzt auch deshalb, weil die Hinterkante des Loches bei einem Abwärtsputt tiefer liegt und den Ball viel weniger abstoppen wird. Der Hauptgrund für das vorsichtige Taktieren liegt aber darin, daß ich nach einem ausgelassenen ersten Putt keinen zu langen Rückputt haben möchte.

3. Obwohl ich normalerweise kein »Punkt-Putter« bin, habe ich diese Technik bei stärker hängenden Abwärtsputts doch gelegentlich erfolgreich praktiziert. Nehmen wir mal an, ich hätte einen Abwärtsputt von 3 Meter, der 30 Zentimeter abläuft. Zuerst einmal überlege ich, wie stark ich den Ball bei einem geraden Abwärtsputt von 3 Meter Länge schlagen müßte. Die notwendige Kraft wäre vielleicht analog der eines 1-Meter-Putts auf ebenem Grün. Um nun das Ablaufen zu kompensieren, suche ich mir als nächstes eine Stelle etwa 1 Meter entfernt auf meiner abdrehenden Puttlinie und nehme sie als Fixpunkt. Wenn ich alles richtig berechnet habe, brauche ich den Ball nur noch wie einen 1-Meter-Putt zu schlagen, um einen 3-Meter-Putt daraus werden zu lassen! So einfach ist es natürlich nicht; das Spiel über so einen Fixpunkt kann aber ganz nützlich sein.

4. Wenn Sie allzu häufig kurze Putts auslassen und den Verdacht haben, daß es *nicht* an der Fehleinschätzung von Kraft und Richtung des Schlages liegt, dann prüfen Sie doch mal Ihren Putt-Schwung. Wir neigen zeitweise alle dazu, bei kurzen Putts zu »schüchtern« zu sein; was dazu führt, daß der Schlägerkopf vor dem Treffmoment an Geschwindigkeit verliert – ein sicheres Mittel, den Ball zu kurz zu spielen oder weit am Loch vorbeizuschieben. Als Gegenmittel versuchen Sie doch mal, fast übertrieben durchzuschwingen und zwar so 15 bis 20 Zentimeter auf der Linie zum Loch über den Ball hinaus, ohne das Schlägerblatt dabei auf- oder zuzudrehen. Haben Sie das bei 1- bis 1,5-Meter-Putts eine Weile geübt, so werden Sie richtig fühlen, wie der Putterkopf durch den Ball hindurch schneller wird.

5. Sie haben wahrscheinlich auch schon festgestellt, daß der nervliche Druck auf den Grüns stärker ist als irgendwo sonst auf dem Platz. Das kommt einmal daher, daß man beim Putten weniger Fehlerspielraum hat als bei jedem anderen Schlag. Ich finde aber einen anderen Grund noch wichtiger.
Lassen Sie irgend einen anderen Schlag im Spiel aus, so bleibt fast immer die Chance des Recovery. Lassen Sie einen kurzen Putt aus, so wissen Sie, daß der Schlag unwiderruflich verloren ist. Und wenn der Putt sehr kurz ist, dann wird die Angst vor dem Ärger über ein Vorbeischieben dieses Putts den Druck auf Ihre Nerven noch besonders steigern.
Was kann man gegen diese Nervenbelastung tun? Ehrlich gesagt, ich wüßte nichts Besseres als das aus dem eigenen Können und aus bisherigen Erfolgen resultierende Selbstvertrauen. Und wenn das auch nichts nützt? Nun – ich bemühe mich immer, so wenig Energie wie möglich auf die eigene Selbstzerfleischung und so viel wie möglich auf die vor mir liegende Aufgabe zu verwenden.

Lektion 28:

Probleme und Techniken beim Putten

1. Wenn Sie auf dem Grün nur ab und zu Schwierigkeiten haben, so ist kaum anzunehmen, daß Ihr Putter irgendwie daran Schuld ist; wächst sich das Puttproblem bei Ihnen aber zu einem Dauerzustand aus, dann könnte ein neuer Putter Ihnen zumindest einen gewissen psychologischen Auftrieb verschaffen. Der Erfolg kann sogar noch weitgehender sein, wenn Ihr bisheriger Putter womöglich weder zu Ihrem Puttstil noch zu den Grüns paßte, auf denen Sie normalerweise spielen. Ist Ihr natürlicher Puttschwung weich und fließend, dann ist dafür wahrscheinlich ein relativ schwerer Putter mit etwas überlangem Schaft am besten geeignet. Putten Sie den Ball aber eher mit einem kurzen, harten Schlag, dann sollten Sie lieber einen leichteren Schläger nehmen. Zugegebenermaßen stehen viele gute Spieler auf dem Standpunkt, auf schnellen Grüns den Ball mit einem leichten Putter besser unter Kontrolle halten zu können. Haben Sie in dieser Beziehung ernsthafte Zweifel, so sollten Sie Ihren Pro bitten, Sie ein paar Putter aus seinem Shop unter seiner Anleitung ausprobieren zu lassen.

Die Schnelligkeit des Grüns, Bodenwellen sowie Art und Richtung des Graswuchses sind für das Lesen eines Grüns die wichtigsten Faktoren; man sollte darüber aber auch die anderen, weniger offensichtlichen Einflüsse auf den Ball nicht ganz vergessen. Morgens und Abends sind Grüns durch den Tau langsamer, in der trockenen Mittagshitze am schnellsten. Erwarten Sie aber nicht, daß kurz geschnittene Grüns durch einen kurzen Regenschauer gleich wesentlich langsamer werden – dazu bedarf es schon eines ordentlichen Gusses. Und denken Sie auch daran, daß das Gras bei gutem Wetter im Verlauf eines Spieltages wächst und die Grüns auf den letzten Löchern dadurch viel langsamer und rauher sein können. Auch der Wind kann eine Rolle spielen, vor allem bei hängenden Grüns.

2. Ist Ihnen schon mal aufgefallen, wieviele Tour-Pros, so wie Ben Crenshaw auf diesem Bild, vor dem Putt zum Loch gehen und sich seine nähere Umgebung sehr genau anschauen? Ich fürchte, daß viele hohe Handicap-Spieler wenig oder gar keine Vorstellung davon haben, was die Pros damit bezwecken, und daß ihre Handicaps nicht zuletzt deshalb weiterhin hoch bleiben. Die Pros suchen Unebenheiten in der Grünfläche, die den Lauf des Balles beeinflussen, wenn er am Loch langsamer wird. Es ist ja einer der Grundregeln beim Putten, daß der Ball mit langsamer werdendem Lauf von allen Bodenwellen stärker abläuft.

3. Auf holperigen und durch Spikes in Mitleidenschaft gezogene Grüns wird das Glück beim Putten immer eine besondere Rolle spielen. Man kann seinen Einfluß aber in Grenzen halten. Ein normal geputteter Ball dreht sich auf den ersten 10 bis 15 Zentimetern nach dem Treffmoment noch gar nicht, sondern gleitet über das Grün. Erst dann setzt seine eigene Rotation ein und er beginnt zu rollen. Bei diesem anfänglichen Gleiten aber wird der Ball durch Bodenunebenheiten viel stärker abgelenkt als beim späteren Rollen. Und wenn diese Ablenkung in der Phase des Putts vielleicht auch nur ein paar Millimeter ausmacht, so kann sie sich am Loch dann leicht zu einem halben Meter auswachsen. Mit ein bißchen Üben können Sie sich die Sache dadurch erleichtern, daß Sie den Ball spät, das heißt schon etwas im Hochschwung treffen. Sein Rolleffekt wird dadurch verstärkt und er wird gerade auf dem ersten Teil seiner Reise für Bodenunebenheiten weniger empfänglich sein.

4. Unterschiede in Graswuchs und Schnelligkeit der Grüns kann man unter Umständen dadurch etwas ausgleichen, daß man das Schlägerblatt jedesmal etwas anders durch den Ball hindurchschwingt. So habe ich 1972 sieben große Turniere mit drei verschiedenen Methoden gewonnen. Anfang des Jahres drehte ich bei der Doral-Eastern Open das Schlägerblatt im Treffmoment etwas zu, weil ich das Gefühl hatte, daß der Ball so auf dem harten Bermuda Gras am besten rollen würde. Auf den superschnellen Grüns bei der Offenen in Pebble Beach war es umgekehrt – ich drehte das Schlägerblatt im Treffmoment etwas auf, weil ich meinte, den Ball dadurch weicher zu treffen. Und auf den weichen, treuen und mittelschnellen Grüns bei der PGA Match Play Championship auf dem Country Club von North Carolina führte ich den Putter square durch den Ball hindurch, ohne das leiseste Auf- oder Zudrehen.

Wind von hinten, von vorn und von der Seite

1. Gutes Golf im Wind verlangt Intelligenz und Geduld, noch mehr aber einen klaren Sinn für das Machbare und eine sichere Selbstbeherrschung. Zunehmende Windstärke bedeutet ein höheres Par – und zwar für alle Golfer. Bei einem Wind von 15 km/st mag Par 72 noch 72 sein; heult er aber mit 40 bis 50 km/st, dann wird es leicht eine 75 oder 76. Richten Sie Ihre Score-Erwartungen und Ihre Schlagtechnik also danach aus, sonst demoralisieren Sie sich höchsten selber und fangen an, ärgerlich oder schlampig (oder beides) zu spielen.

2. Viele Amateure neigen dazu, bei Rückenwind zu »relaxen«, weil sie annehmen, daß dieser Wind ganz automatisch ihren alten Golftraum verwirklichen wird – einen langen Ball! Sie sollten nicht in diesen Fehler verfallen! Ein zu langer Ball kann nämlich genau so schädlich sein wie ein zu kurzer. Es liegt auf der Hand, daß man bei Rückenwind den Ball auf der Bahn und besonders auf dem Grün nicht so schnell abstoppen kann. Ich spiele meine Bälle normalerweise ziemlich hoch; bei Rückenwind versuche ich aber, Annäherungsschläge besonders hoch zu spielen, damit sie – so wie an windstillen Tagen – möglichst senkrecht auf das Grün fallen. Für diese Extrahöhe und den steilen Abfallwinkel nehme ich einen oder zwei Schläger »weniger«, als die Entfernung an sich erfordern würde, und schlage kräftig durch den Ball hindurch.

3. Wie gut Sie mit starkem Gegenwind fertig werden, hängt in erster Linie von Ihrer Schlagkraft ab. Ist sie nur durchschnittlich, dann sollten Sie bei Schlägen gegen den Wind primär auf Sicherheit gehen und sich von allen Gefahrenzonen so weit entfernt halten wie möglich. Sind Schlagtechnik und Schlagkraft aber besser, dann sollten Sie versuchen, Ihren Ball so zu schlagen, daß er sich mit starkem Vorwärtsdrall flach durch den Wind hindurchbohrt und nicht steil in die Luft geht, um dann tot herunterzufallen. Ein flacher Ball darf keinen Backspin haben; und das werden Sie am besten dadurch erreichen, daß Sie ihn von rechts nach links schlagen, nicht gerade und schon gar nicht von links nach rechts.

4. Bläst der Wind direkt oder schräg von der Seite, so gibt es zwei Möglichkeiten. Einmal können Sie versuchen, den Ball mehr oder weniger gerade zu »halten«, indem Sie ihn in den Seitenwind hineindrehen, also einen Draw oder Hook in einen Wind von links und einen Fade oder Slice in einen Wind von rechts spielen. Sie können aber auch Ihren Schlag so weit entgegen der Windrichtung ausrichten, wie der Ball Ihrer Schätzung nach abgetrieben wird und dann einen ganz normalen Schlag spielen, bei dem der Ball dann allein durch den Wind wieder zur Mitte der Bahn getragen wird. Ich benutze je nach den Umständen die eine oder andere Methode. Wenn Sie auch unter idealen Voraussetzungen nicht in der Lage sind, Ihren Ball absichtlich in die eine oder andere Richtung abdrehen zu lassen, dann sollten Sie sich zu der zweiten Methode entschließen.

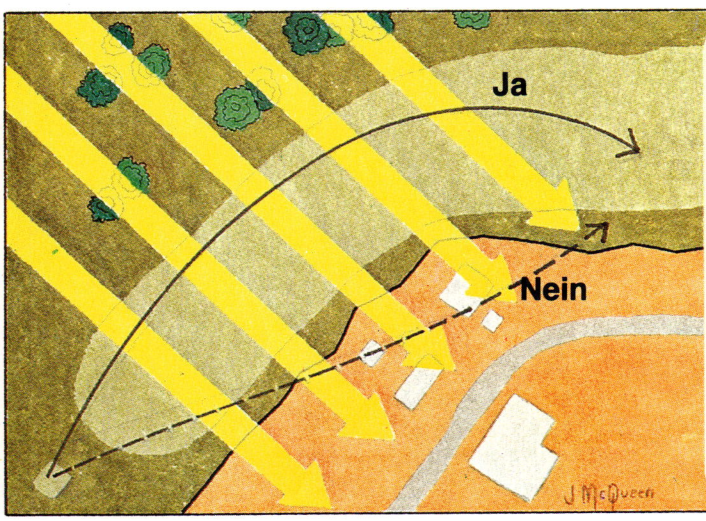

5. Selbst ein starker Wind kann sich häufig als nützlich erweisen. Sie müssen nur Ihre Augen aufhalten und wach sein. Es gibt kaum ein besseres Beispiel dafür als das 17. Loch des Old Course in St. Andrews, das berühmte Road Hole. Es ist ein langes Par-4, das nach 200 Meter nach rechts abdreht. Der ideale Drive an einem ruhigen Tag geht über den Vorplatz des Hotels und schneidet so die Ecke des Doglegs ab. Das schließt aber das Risiko des out-of-bounds ein – besonders wenn der Wind von links kommt. Der intelligente Golfer, der seinen Ball entweder gerade oder mit einem leichten Fade auf die linke Seite der Bahn spielt, nutzt den Wind dann in dreifacher Weise: 1. Er reduziert die Gefahr out-of-bounds zu schlagen auf ein Minimum. 2. Er reduziert die Gefahr, links in das schwere Rough zu schlagen, selbst wenn er den Ball nach links verzieht und 3. Er wird einen wesentlich längeren Ball schlagen, wenn der Wind ihn nach rechts um das Dogleg herumträgt.

Lektion 30:

Wie stelle ich mich auf den Wind ein?

1. Man sollte immer versuchen, den Wind für sich arbeiten zu lassen. Wenn sie nicht vom wilden Ehrgeiz gepackt sind, werden Wochenendgolfer bei Seitenwind eher dazu neigen, den Ball auf die Fairwayseite zu spielen, von der es bläst, so daß der Wind den Ball dann in die Mitte der Bahn zurückträgt. Sie werden wahrscheinlich nicht versuchen, den Ball mit einem absichtlichen Draw oder Fade in den Wind hineinzudrehen. Bei Wind von links werden Sie also Ihren Ball auf der linken Seite des Abschlages aufteen und ihn an der linken Fairwaykante entlangschlagen, so daß für das Abdrehen des Balles die ganze Fairwaybreite zur Verfügung steht. Bei Wind von rechts ist es entsprechend umgekehrt, also rechts aufteen und den Ball entlang der rechten Fairwaykante spielen.

2. Sie wissen wahrscheinlich aus eigener Erfahrung, daß die Gefahr eines starken Hook oder Slice mit zunehmender Schräglage der Schlagfläche abnimmt. Das ist wichtig bei Abschlägen mit Rückenwind. Da der Wind den Ball sowieso weiter tragen wird, müssen Sie nicht unbedingt den stärksten Schläger in Ihrer Tasche nehmen. Wenn Sie mit dem Driver leicht Schwierigkeiten haben oder wenn Hindernisse einen sehr präzisen Schlag verlangen, ist ein Holz 3 oder eventuell sogar ein noch schrägerer Schläger zu empfehlen. Lassen Sie sich durch den schwächeren Schläger nun aber nicht dazu verführen, auch schwächer zuzuschlagen. Um den Rückenwind optimal auszunützen, muß der Ball hoch in die Luft gehen. Machen Sie also einen vollen, festen Schlag durch den Ball hindurch und lassen Sie sich durch den Wind nicht dazu verleiten, den Ball zu »steuern« – ein Fehler vieler Spieler bei schlechten Wetterverhältnissen.

3. Sollte man den Ball bei Gegenwind flacher aufteen? Ich bin nicht dieser Meinung, und zwar aus zwei Günden: Erstens – je flacher der Ball aufgeteet ist, desto mehr wird der Spieler von oben nach unten in ihn hineinschlagen, und je mehr er das tut, desto stärker wird der Backspin, und je stärker der Backspin, desto höher wird der Ball steigen. Zweitens – bei einem flach aufgeteeten Ball werden viele Golfer ganz intensiv die Schlagfläche ihres Drivers aufdrehen, um den Ball in die Luft zu bekommen. Das führt dann genau zu dem Ergebnis, das Sie bei Gegenwind überhaupt nicht gebrauchen können – nämlich einem hohen Ball. Drittens – wenn es eine Situation gibt, in der Sie den Ball sauber treffen müssen, dann ist es bei Gegenwind. Das aber bedingt, daß die volle Schlagfläche auf den Ball trifft.

4. Das 12. Loch des Augusta National ist von allen Löchern im Meisterschaftsgolf bei Wind vielleicht am schwersten zu berechnen. Es ist nur 140 Meter lang; aber so manche Masters ist hier verloren worden. Das schmale, diagonal angelegte Grün mit dem Wasser des Rae Creek davor und hängenden Bunkern plus tiefem Rough auf seiner Rückseite können einem schon erhebliche Kopfschmerzen machen. Ein Alptraum aber ist die Vorstellung, was mit dem Ball geschehen könnte, wenn er zu weit geschlagen ist und über die Bäume auf der rechten Seite hinausgeht. Man kann das zumindest teilweise an den Windbewegungen der Baumkronen ablesen; was übrigens erfahrene Tour-Spieler bei allen Abschlägen und Annäherungsschlägen in windigem Wetter auf einem mit hohen Bäumen bestandenen Platz tun. Auch Sie können sich durch diese Taktik manche unangenehme Überraschung ersparen.

5. Am unangenehmsten finde ich Rückenwind von schräg links. Er verführt viele Golfer dazu, Kopf und Oberkörper im Schlag durch den Treffmoment hindurch möglichst weit hinter dem Ball zu halten. Das kann aber dazu führen, daß Sie Ihren Körper nur nach rechts verschieben, anstatt ihn richtig aufzudrehen, so daß Hüfte und Beine im Schlag nicht mehr richtig eingesetzt werden. Beide Gefahren kann man am besten dadurch ausschalten, daß man sich auf den Schwung besonders gut konzentriert und darauf achtet, den Körper richtig voll aufzudrehen.

Annähern und Putten bei starkem Wind

1. Wind beeinflußt den Flug des Balles mehr als Ihr Schwung. Auch die Bodenverhältnisse ändern sich und erfordern besondere Aufmerksamkeit, besonders bei Drives auf schiefe oder abfallende Fairways und natürlich bei allen Annäherungsschlägen. Der Wind trocknet die Oberfläche und das Gras selbst schnell aus, so daß die Bälle viel mehr abspringen und abrollen, so präzise Sie sie auch geschlagen haben. So kann es nach ein oder zwei windigen Tagen – ja selbst nach ein oder zwei Stunden – leicht passieren, daß ein Drive durch ein Dogleg hindurchrollt oder seitwärts in den Wald abspringt, der unter normalen Bedingungen mitten auf der Bahn geblieben wäre. Bei Annäherungsschlägen ist es noch viel schlimmer; und da muß man dann einfach auf Sicherheit spielen.

2. Die leichteste Methode, den Ball bei Gegenwind flach zu halten, besteht offensichtlich darin, für die Annäherungsschläge ein entsprechend steileres Eisen zu nehmen; und jeder, der auch im Wind reüssieren will, sollte diese Technik unter den richtigen Bedingungen üben. Bei starkem Gegenwind nehme ich häufig nicht nur einen, sondern zwei Schläger mehr. Wäre es unter normalen Umständen also ein Eisen 7, so nehme ich bei starkem Gegenwind ein Eisen 5 und fasse den Schläger etwas kürzer oder schwinge etwas leichter. Man sollte das möglichst mit allen Eisen beherrschen; entscheidend wichtig aber ist es mit den Pitching Clubs, bei denen ein zu hoher Schlag katastrophale Folgen haben kann. Bedingt die Entfernung zur Fahne also an sich einen Wedge, so spielen Sie entweder ein 3/4 Eisen 9 oder eine halbe 8. Bei Gegenwind kann der Pitch-and-run besser sein als ein hoch zur Fahne geschlagener Ball.

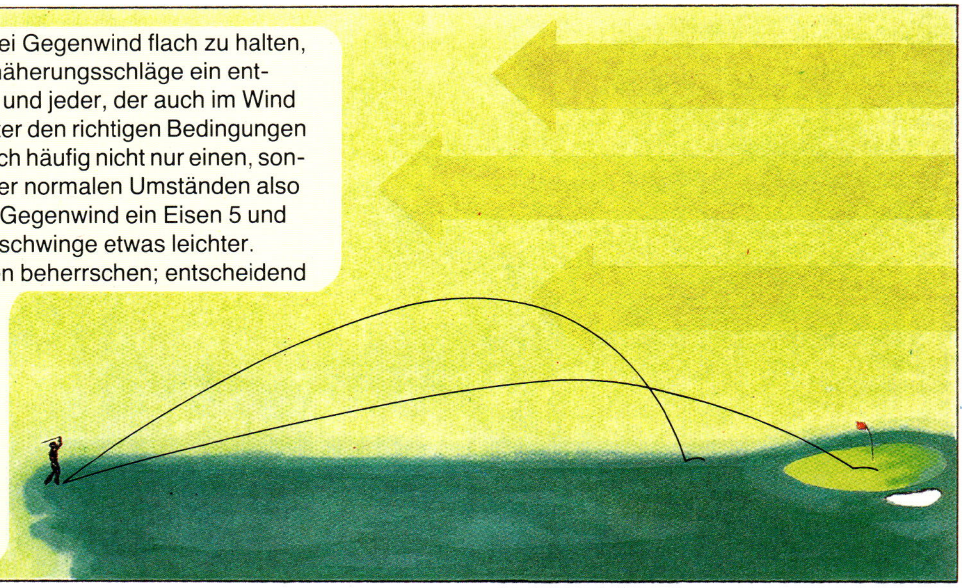

3. Bei starkem Rückenwind kann es so gut wie unmöglich sein, eine schwierig plazierte Fahne direkt anzuspielen. Zielen Sie auf den größeren Teil des Grüns und verlassen Sie sich dann auf Ihren Putter. Steht die Fahne zum Beispiel links und das Grün steigt nach rechts hinten an, dann wird ein dorthin geschlagener Ball schneller abstoppen und dann vielleicht sogar in Richtung Loch abrollen. Wenn Sie es technisch beherrschen, so können Sie Ihren Ball auch dadurch eher abstoppen, daß Sie ihn als Fade in ein nach links hängendes Grün und als Draw in ein nach rechts abfallendes Grün hineinschlagen.

4. Bei sehr starkem Wind ist es schwierig, die Balance zu halten. Durch einen weiteren Stand kann man dann die Füße besser verankern. Leider reduzieren sich aber dadurch das Aufdrehen des Körpers und der Rückschwung als solcher. Der Schlag wird also entsprechend kürzer; und Sie müssen das bei der Schlägerwahl berücksichtigen. Der Könner wird aber auch mit einem solchen kompakten Schwung noch größte Längen erzielen, weil er das geringere Aufdrehen des Körpers durch einen verstärkten Einsatz der Hände kompensiert. Bei derartigen Windverhältnissen schwinge ich dann mit lockeren Handgelenken zurück, winkele sie etwas früher ab und kann den Schläger kräftiger durch den Ball peitschen.

5. Auf offenen Plätzen kann ein starker Wind sogar einen rollenden Ball ablenken. Also auch vor und auf dem Grün noch größte Vorsicht! Denken Sie daran, daß Chips und Approach-Putts in der Nähe des Loches bei starkem Seitenwind entweder mehr oder weniger abrollen werden als sonst. Lassen Sie Ihre kurzen Annäherungsschläge also lieber rollen, übersehen Sie aber auch nicht die Möglichkeit, daß der Gegenwind einen hoch gespielten Ball auf einem engen Grün sehr schnell zum Stehen bringt. Verankern Sie die Füße bei diesem Schlag fest im Boden, halten Sie den Kopf still und schlagen Sie den Ball weich aber entschlossen, indem Sie den Schlägerkopf durch den Ball hindurch beschleunigen. Zögern beim Schlag wird den Schlägerkopf aus seiner Bahn lenken, und der schief geschlagene Ball wird durch den Gegenwind noch weiter aus seiner Richtung getrieben.

Strategische Überlegungen im Regen

1. Wie in allen schwierigen Situationen sollte man auch vor einem Spiel im Regen oder auf einem nassen Platz erst mal ein kleines Selbstgespräch führen, um sich aufzumuntern und einen Plan zurechtzulegen. Da Sie das Wetter nun mal nicht ändern können, werden Sie desto besser damit fertig werden, je mehr Sie es als interessante Herausforderung akzeptieren. Je mehr Sie sich aber von ihm unterkriegen lassen, desto ungeduldiger, unvernünftiger und unkonzentrierter werden Sie in Ihrem Spiel sein. Seien Sie also zugleich Fatalist und Realist. Sie werden wahrscheinlich nicht so gut spielen wie an einem strahlenden Sommertag – aber das gilt für alle anderen Spieler auch. Mit dieser inneren Einstellung habe ich so manches Turnier gewonnen.

2. Bei Regenwetter sollten Sie vor allem die Regeln über zeitweiliges Wasser beherrschen. Die offizielle Definition lautet: »Zeitweiliges Wasser ist jede vorübergehende Wasseransammlung, die sichtbar ist, bevor oder nachdem der Spieler seinen Stand einnimmt und die nicht selbst ein Hindernis ist oder sich in einem Wasserhindernis befindet. Schnee und Eis sind nach Wahl des Spielers entweder zeitweiliges Wasser oder lose Gegenstände.« Nach Regel 32 kann der Spieler bei zeitweiligem Wasser überall auf dem Platz ohne Strafschlag von der Erleichterung Gebrauch machen, indem er den Ball aufhebt und auf trockenem Boden nicht näher zum Loch beziehungsweise in einem Hindernis in demselben fallen läßt. Der aufgehobene Ball darf gereingt werden.

3. Beim Golf spielt bekanntlich der Drall eine große Rolle. Kommt aber im Treffmoment Wasser zwischen Schlagfläche und Ball, so wird der auf den Ball übertragene Drall – sowohl Backspin als auch Sidespin – reduziert. Das muß bedacht werden. Je nasser das Wetter, desto flacher und weiter werden Ihre Annäherungsschläge fliegen und desto schneller werden sie bei der Landung sein. Nehmen Sie also einen Schläger mit entsprechend mehr Loft – zum Beispiel ein Holz 4 anstelle eines Eisen 2. Wasser oder nasses Gras zwischen Schlagfläche und Ball erschweren in gleicher Weise auch einen absichtlichen Draw oder Fade.

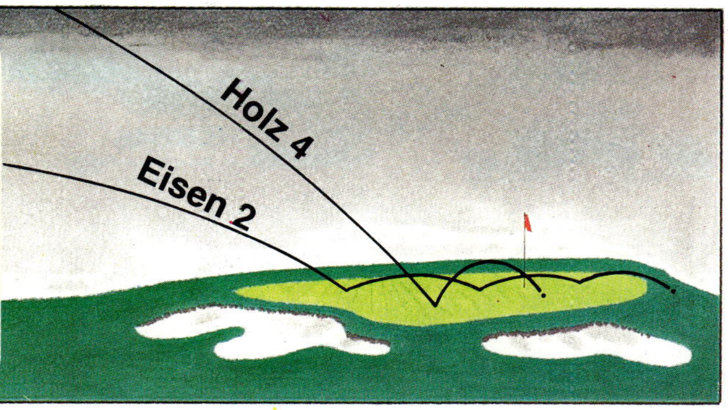

4. Je mieser das Wetter ist, desto schwieriger ist es, beim Schlag fest zu stehen. Schuhe mit vollständigen und guten Spikes erleichtern einem das Geschäft; aber nur, wenn man sie so gut wie möglich sauber hält. Mindestens vor jedem Drive, und bei ganz schlechtem Wetter sogar vor jedem Schlag, sollte man die Schuhsohle mit einem Tee oder sonstigen spitzen Gegenstand abkratzen. Ist der Boden nicht nur naß, sondern auch noch rutschig, so daß man keinen sicheren Stand findet, bleibt nichts anders übrig, als einen stärkeren Schläger zu nehmen und langsamer und leichter zu schwingen.

5. Schlägt man von oben in den Ball hinein, so verringert sich – wie wir eben gesehen haben – der effektive Loft des Schlägers, und das ist das letzte, was wir bei nassem Boden gebrauchen können. Je sauberer Sie die Bälle also auch bei schlechtem Wetter treffen können, desto größer sind Ihre Chancen für einen guten Score. Erste Voraussetzung dafür ist, den Ball genau am tiefsten Punkt des Schwungbogens zu treffen. Dazu empfiehlt es sich, den Ball etwas mehr vom linken Fuß zu spielen. Das ist aber auch etwas, was Sie auf dem Übungsplatz ausprobieren müssen.

6. Absichtlicher Fade oder Draw sind bei Nässe ja bekanntlich sehr schwer. Die wirklich guten »Wasserratten« der Tour beherrschen aber dennoch einen Annäherungsschlag, der trotz Nässe hoch fliegt und steil aufsetzt. Es ist ein besonders hart geschlagener Fade mit einem schwächeren Schläger, als die Situation eigentlich erfordern würde. Die Ausrichtung ist leicht nach links, das Schlägerblatt square oder etwas aufgedreht, der Ball am linken Fuß, der Schwung kommt voll aus den Armen bei wenig Handeinsatz, so daß sich das Schlägerblatt im Treffmoment nicht zudrehen kann.

Genießen Sie die Natur!

1. Ist es Ihnen schon mal aufgefallen, daß viele Amateure – und sogar einige Tour-Spieler – nach einer Pause besseres Golf spielen? Deshalb war ich in meiner ganzen Laufbahn immer bemüht, ein vernünftiges Tempo einzuhalten. Es wird auch oft übersehen, daß man dem Spiel unbeschwerter gegenübersteht, wenn man die eigenen Erwartungen nicht zu hoch geschraubt hat. Spielen und üben Sie viel, und Sie werden sich ein hohes Ziel setzen, gehen Sie aber mal eine Zeitlang nicht auf den Platz, werden Ihre Erwartungen am ersten Abschlag dann sicher bescheidener sein. Sie sind dann physisch und psychisch entspannter und werden demzufolge auch besser spielen. Ich meine damit nicht, daß Sie Ihr Spiel verbessern werden, wenn Sie nur einmal im Monat spielen, ich rate Ihnen nur, wenn Sie spielen, physisch und psychisch so entspannt zu bleiben wie möglich. Das Gegenteil von Entspannung ist Anspannung, und je angespannter oder verspannter Sie physisch sind, desto schlechter wird Ihr Schwung-Timing sein. Eine realistische Einstellung ist die oberste Voraussetzung für wirkliche Entspannung. Wenn Sie Handicap 12 haben, so sollten Sie nicht erwarten, jedesmal unter 80 zu spielen. Auch Fehler werden sich nicht vermeiden lassen. Ich bin schon ganz zufrieden, wenn ich auf einer Runde sechs Bälle genauso treffe, wie ich es mir vorgestellt habe. Und schimpfen Sie nicht mit sich selbst, wenn Sie mal einen Fehler gemacht haben. Konzentrieren Sie sich auf den Recovery.

2. Der entspannteste aller großen Golfer war wohl Walter Hagen; und ich finde, daß seine berühmten Worte: »Vergessen Sie nicht, mal anzuhalten und an den Blumen am Wegesrand zu riechen« – in das Stundenbuch aller Golfer gehören. In den vier Stunden, die es etwa dauert, bis Sie, sagen wir mal, Ihre 85 gespielt haben, müssen Sie sich nur ein Viertel der Zeit innerlich auf das Spiel konzentrieren, und der tatsächliche physische Einsatz Ihrer Kraft dauert insgesamt nur 15 Minuten. Nehmen Sie sich also die Zeit »an den Blumen zu riechen«, und Sie werden physisch und psychisch beim nächsten Schlag ausgeruhter und entspannter sein. Keiner kann sich für die Dauer eines 18-Löcher-Spiels allein auf eine Sache konzentrieren.

3. Das »Riechen der Blumen« macht mir einfach Freude; und wenn man das bei einem so schwierigen Spiel, das so voller Überraschungen steckt, wie Golf, tun will, dann muß man schon etwas davon haben, was ich positiven Fatalismus nennen möchte. Niemand hat einen stärkeren Willen zum Sieg als ich, und ich hoffe, daß sich auch keiner stärker bemüht. Aber wenn dann auch mein bester Schlag schlecht endet, dann geht das Leben dennoch weiter. Golf ist schließlich nur ein Spiel. Mit einer solchen Einstellung kann man auch unter stärkstem Druck noch relativ entspannt bleiben, weil man nicht dauernd über die Folgen grübelt. Sie ist ein Schutz dagegen, die Gedanken über das unmittelbar vor uns Liegende hinauswandern zu lassen.

4. Wirkliches Entspannen beim Golf bedingt aber auch einige durchaus praktische Überlegungen. Das beste innere Beruhigungsmittel ist das Vertrauen in die eigene Fähigkeit, den Ball zu treffen, und das wiederum bedingt Studium und Üben – da führt kein Weg drumrum. Müdigkeit führt zu innerer und äußerer Anspannung. Je besser also Ihre gesamte Kondition ist, desto besser ist Ihre Wiederstandskraft gegen den Streß. Ungelöste Probleme und liegengebliebene Arbeiten außerhalb des Golfs erschweren eine Entspannung natürlich erheblich. Die Regelung aller außergolferischen Angelegenheiten ist daher vor einem großen Turnier für mich genau so wichtig wie das Bälleschlagen auf dem Übungsplatz.

Lektion 34:

Pitchen und Chippen

1. Pitches und Chips sind häufig recovery shots. Das heißt, Sie müssen zuerst einmal die Tatsache akzeptieren, daß Sie einen Fehler gemacht haben, oder das der Ball besonders unglücklich abgesprungen ist und dann diese Tatsache möglichst umgehend wieder vergessen. Was geschehen ist, gehört der Vergangenheit an, und Sie können es nicht ändern. Womit Sie konfrontiert sind, das ist die Gegenwart, und je ausschließlicher Sie sich darauf einstellen, desto besser können Sie damit fertig werden. Denken Sie nicht weiter an den Fehler oder das Pech, wenn Ihnen das lieber ist. In der hier dargestellten Situation würde der Handicap-Spieler sich wahrscheinlich überlegen, wie er den Ball am besten an die Fahne spielen könnte. Mein erster Gedanke würde dagegen sein, den Ball irgendwie auf das Grün zu bekommen, um wenigstens mit 2 Putts einzulochen und damit noch einigermaßen ungeschoren wegzukommen.

2. Wirkliches Vertrauen zum Driver oder Eisen 1 zu gewinnen, ist für die meisten Amateure schon rein physisch unmöglich. Vertrauen zum kurzen Spiel aber ist für jeden erreichbar. Das Rezept heißt natürlich »Üben«, und es lohnt die Mühe, wenn man sein Golf ernst nimmt. Schließlich bestimmt das eigene Selbstvertrauen 90 Prozent aller Schläge, bei denen der »Touch« wichtiger ist als die mechanische Ausführung. Wenn Sie also zu Ihrem kurzen Spiel mehr Vertrauen gewinnen wollen, so sollten Sie sich erst einmal auf einen Schläger festlegen, mit dem Sie die Mehrzahl Ihrer Pitches und Chips spielen. Ich weiß, daß viele Lehrer und Bücher den Standpunkt vertreten, man solle den Schläger dem Schlag anpassen und nicht umgekehrt; denn nur dann könne man je im Leben die Amerikanische Amateurmeisterschaft gewinnen oder in der Tour mitspielen. Ich finde dagegen, daß Sie sich zumindest am Anfang auf den Schläger festlegen sollten, mit dem Sie glauben, den Ball am ehesten in die Nähe der Fahne zu bekommen. Mein »Vertrauens-Schläger« für alle kurzen Schläge ist der Sand Wedge.

3. Sie können Ihr Spiel ums Grün durch ein kleines Experiment nicht unerheblich verbessern, indem Sie nämlich herausfinden, welcher Weg zur Fahne für sie der *natürliche* und zugleich optimale ist. Es gibt drei Möglichkeiten: hoch durch die Luft, flach am Boden oder ein Mittelding zwischen beiden. Der unerfahrene Spieler kann je nach Lage und Gelände zwischen den drei Möglichkeiten wählen, der Wochenendgolfer wäre damit aber überfordert. Die meisten Golfer – auch die Tour-Spieler – neigen in Planung und Ausführung dieser Schläge generell entweder zum hohen oder zum flachen Anspiel. Sie können Ihre optimale Version dadurch herausfinden, daß Sie mit Ihrem Lieblingsschläger 20 Bälle hoch zur Fahne spielen, 20 flach am Boden und 20 in der mittleren Art. Ist eine Gruppe von 20 Bällen erkennbar näher am Loch als die beiden anderen, so dürfte der betreffende Schlag für Sie der optimale sein.

4. Wer den Pros häufig zuschaut, wird feststellen, daß sie vor einem Drive oder langem Annäherungsschlag nur selten einen Probeschwung machen, einen kurzen Pitch oder Chip jedoch nie ohne einen oder mehrerer Probeschwünge spielen – so wie Hubert Green es auf dem Bild dokumentiert. Und je schwieriger der betreffende Pitch oder Chip ist, desto größer wird die Zahl der Probeschwünge sein. Warum? Der volle Schwung der guten Spieler ist so »ausgereift«, daß er nur selten eine Vorprobe erfordert. Bei den kurzen Schlägen mit einem schwächeren Schwung ist das aber anders. Hier kann man nur mit Probeschwüngen Länge und Kraft des Schwunges der Entfernung zur Fahne »anpassen« und sich ein festes »Bild« davon einprägen. Solche Generalproben von kurzen Annäherungsschlägen werden auch Ihnen sicher helfen.

5. Sie würden keinen Ball putten, ohne das Grün vorher genau angeschaut zu haben. Pitch und Chip haben das auch verdient. Beim »Lesen« dieser Schläge werden Sie wahrscheinlich als erstes überlegen, wie Sie den Ball so nahe wie möglich an die Fahne spielen können. Überlegen Sie dabei aber auch, welcher Schlag Ihnen bleibt, wenn Sie den Ball nicht totlegen. Da Sie bei den kurzen Eisen etwas gerader zurückschwingen, werden Sie den Pitch normalerweise leicht anschneiden, so daß der Ball nach dem Aufsetzen etwas nach rechts wegspringt. Steht die Fahne also wie auf unserem Bild, dann sollte man klugerweise etwas nach links spielen, damit der Ball nicht weit nach rechts abläuft und ein langer, schwieriger Putt übrigbleibt. Beim Chip und wenn der Ball weit ausrollt, sollte man neben Bodenwellen auch die Grasart beachten – genauso wie bei einem langen Putt. Und versuchen Sie, den Ball so zu placieren, daß der Putt zum Loch dann möglichst gerade, eben oder höchstens aufwärts ist – mit anderen Worten, gehen Sie auf Nummer Sicher.

Die Anlage des Schlages

1. Gute Golfer werden nur selten versuchen, lange Schläge kerzengerade zu spielen. Sie geben dem Ball lieber einen leichten Drall, von links nach rechts oder umgekehrt. Ist man in der Lage, die eine oder andere »Version« konstant zu praktizieren, so stärkt das natürlich das Selbstvertrauen. Dieses Sicherheitsmoment ist in den nebenstehenden Zeichnungen dargestellt. Auf der ersten sehen Sie, wie ein primär von links nach rechts spielender Golfer wie ich einen solchen Routine-Approach schlägt. Mein Ball wird etwa 5 Meter nach rechts abdrehen. Spiele ich ihn hundertprozentig präzise mit ebenso korrekter Länge, ist der Ball im Loch. Schlage ich ihn aber unbeabsichtigterweise schnurgerade, so bleibt mir ein 5-Meter-Putt. Schauen Sie jetzt die zweite Zeichnung an. Dieser Spieler versucht, seinen Ball schnurgerade zu schlagen. Gelingt ihm das wirklich, ist es fabelhaft. Verzieht er den Ball aber auch nur so weit nach rechts wie mein doppelter Fade, dann hat er einen 10-Meter-Putt vor sich. Den theoretischen Fall angenommen, daß sich diese Fehler auf der Runde 18 mal wiederholen, läßt sich feststellen, daß die Putts des Spielers, der seine Bälle als kontrollierten Fade oder Draw spielt, etwa halb so lang sein werden wie die des Spielers, der »gerade aufs Loch geht«.

2. Wer es lernen will, einen Fade oder Draw konstant und sicher zu schlagen, der muß zuerst einmal den Unterschied zwischen diesen beiden Schlägen und ihren »häßlichen Schwestern« – dem Slice und Hook – verstehen und was sie verursacht. Bei einem Fade startet der Ball etwas nach links oder geradeaus und dreht gegen Ende seiner Flugbahn leicht nach rechts ab. Beim Draw ist es umgekehrt, also etwas nach rechts ausgerichteter oder gerader Start und am Schluß ein leichtes Abdrehen nach links. Slice und Hook sind einfach viel ausgeprägter als Fade und Draw – und ihre Folgen sind es meistens auch. Wie geht das vor sich? Die Antwort ergibt sich aus dem Zusammenwirken von Schwungbahn des Schlägerkopfes und Ausrichtung der Schlagfläche im Treffmoment. Ist die Schlagfläche im Verhältnis zur Schwungbahn des Schlägerkopfes nach rechts ausgerichtet, wird der Ball nach rechts abdrehen, ist sie nach links ausgerichtet, wird auch der Ball nach links gehen. Bei Fade und Draw dreht der Ball nur wenig ab, weil der Winkel zwischen Schwungbahn des Schlägerkopfes und Ausrichtung der Schlagfläche sehr klein ist. Je größer er ist, desto mehr wird der Ball abdrehen.

3. Lassen Sie mich das Vorhergehende noch etwas präzisieren. Bei genauer Beobachtung der Spitzenspieler werden Sie feststellen, daß mit dem Kürzerwerden der Schläge die Bälle immer weniger abdrehen. Das gleiche gilt für Ihr eigenes Spiel. Auch bei Ihnen werden Slice oder Hook bei kürzeren Schlägen entsprechend geringer ausfallen; obwohl Sie auch dann noch durch einen Push oder Pull das Grün verpassen können. Die Erklärung dafür ergibt sich aus der Konstruktion Ihrer Golfschläger und ist im Grunde ganz einfach. Je mehr Loft ein Schläger hat, desto mehr Backspin bekommt der Ball und desto weniger Sidespin kann der Ball annehmen. Je mehr Loft der Schläger hat, desto weniger kann der Ball also seitwärts abdrehen und desto direkter sollten Sie sich zur Fahne ausrichten und zu ihr schwingen. Und wie ist es nun mit dem Pull und Push? Da der Ball bei den kurzen Schlägen nur sehr wenig Sidespin annehmen kann, sind Pull oder Push ein sicheres Zeichen dafür, daß die Schwungbahn Ihres Schlägerkopfes im Treffmomemt falsch ist.

4. Für einen absichtlichen Fade oder Draw mit den langen Schlägern gibt es zwei Möglichkeiten. Sie können Griff und Schwungbahn des Schlägerkopfes verändern, indem Sie Ihre Hände mehr nach links drehen und von außen nach innen schwingen. Dann wird es ein Fade. Für den Draw drehen Sie die Hände etwas nach rechts und schwingen von innen nach außen. Versuchen Sie, ob das so funktioniert. Wenn ja, ist es gut. Wenn nicht, so versuchen Sie mal meine Methode, die viel einfacher ist. Soll es ein Fade sein, so greifen Sie den Schläger ganz normal, drehen die Schlagfläche beim Ansprechen des Balles leicht auf, richten sich etwas nach links aus und schwingen dann ganz normal. Für den Draw ist es umgekehrt – also wieder normaler Griff, leicht zugedrehte Schlagfläche und etwas nach rechts ausgerichtet normal schwingen. Auf diese Weise können Sie den Ball absichtlich abdrehen lassen, ohne Ihr Schwungkonzept und -gefühl groß zu ändern.

5. Hier sind noch drei weitere Tips für einen absichtlichen Fade oder Draw. Als erstes passen Sie Ihren »Waggle« der jeweiligen Schwungbahn an – also von außen nach innen beim Fade und von innen nach außen beim Draw. Als zweites üben Sie das Wegdrehen der Hüften in der Relation zu der beabsichtigten Flugbahn des Balles. Schnelles aber weiches Wegdrehen beim Fade, damit die Schlagfläche durch den Ball hindurch offen bleibt und weniger schnell beim Draw, wenn Hände und Arme im Treffmoment überrollen und die Schlagfläche geschlossen sein soll. Und als drittes sollte der Einsatz der Hände und Handgelenke mit der gewünschten Flugbahn des Balles übereinstimmen; das heißt beim Fade, daß der rechte Unterarm erst spät über den linken rollen soll.

Lektion 36:

Raffinierte Schläge zur Verbesserung des Scores

1. Den Flug des Balles nach den eigenen Vorstellungen zu gestalten und ablaufen zu lassen, nennen gute Spieler »finessing the ball«. Es besteht in der Hauptsache darin, dem Ball einen bestimmten Drall zu geben, um ihn so oder so fliegen und auch landen zu lassen. Je besser Sie diese Kunst beherrschen, desto mehr können Sie nach strategischen Gesichtspunkten spielen und desto niedriger wird Ihr Score sein. Als erste Aufgabe sollten Sie sich hohe und flache Bälle vornehmen. Soll der Ball hoch gehen, so müssen Sie den Schläger so weit am Ende greifen wie möglich und zwar mit einem leichten Griff. Für einen flachen Ball greift man den Schläger kürzer und Griff, Handgelenke und Unterarme bleiben durch den Ball hindurch fest.

2. Die Fähigkeit, den Ball hoch zu schlagen und dadurch nur kurz ausrollen zu lassen, war vielleicht der größte einzelne Aktivposten in meiner Laufbahn. Höhe kommt von Backspin und den erziele ich, indem ich den Loft des Schlägers voll ausnutze, was wiederum dadurch geschieht, daß ich voll durch den Ball hindurchschwinge, ohne das Schlägerblatt zuzudrehen. Das alles können Sie schon durch die entsprechende Stellung beim Ansprechen des Balles einleiten. Spielen Sie den Ball möglichst weit vom linken Fuß und drehen Sie das Schlägerblatt etwas auf. Der Ball wird von links nach rechts fliegen. Also richten Sie sich entsprechend aus. Dann, wie gesagt, mit leichtem Griff und weichen Handgelenken voll durch den Ball hindurchschlagen, so, als ob Sie den Schlägerkopf hinter dem Ball herschleudern wollten. Das müssen Sie aber vor dem ernsthaften Einsatz im Spiel erst gründlich auf dem Übungsplatz erproben. Dabei müßten Sie dann das Gefühl bekommen, daß die rechte Hand bis nach dem Treffmoment unter der linken bleibt.

3. Auch guten Golfern fällt es schwer, einen absichtlich flach gehaltenen Ball gleichzeitig gerade zu schlagen. Es wird leicht ein Hook oder ein Pull-Hook daraus. Aber jeder, der regelmäßig unter 90 herumgeht, kann lernen, den Ball flach zu halten, indem er ihn mehr nach vorn als in die Höhe schlägt. Der Schlag ist wichtig bei Gegenwind, wenn der Ball unter Baumästen hindurchgehen und wenn er weit rollen soll. Der Ball wird vom rechten Fuß gespielt, Hände weit vor dem Ball und das Schlägerblatt square oder leicht zugedreht. Dadurch verliert der Schläger an Loft, und das muß auch bis nach dem Treffmoment so bleiben. Greifen Sie den Schläger fest, und dabei sollten Sie es förmlich spüren, wie der Rücken der linken Hand weit vor dem Ball ist, auch noch, nachdem Sie ihn getroffen haben. Bei diesem Schlag ist es wichtig, die Hüften rechtzeitig aus dem Weg zu nehmen, so daß die Arme frei am Körper vorbeischwingen. Können Sie das nämlich nicht, dann kommen die Handgelenke zu früh in den Schlag, der Ball geht zu hoch und außerdem wahrscheinlich scharf nach links. Auch diesen Schlag bitte gründlich üben und damit rechnen, daß Draw oder Hook mit abnehmendem Loft des Schlägers zunehmen werden.

4. Man kommt immer wieder in Situationen, in denen der Ball möglichst tot liegen bleiben sollte oder sogar muß. Das läßt sich nur dadurch erreichen, daß man ihm einen Extra-Backspin verpaßt, womit er höher steigt, steiler herunterfällt und nach dem Aufsetzen möglichst tot liegen bleibt. Extra-Backspin bedingt extra sauberes Treffen des Balles, das heißt erst den Ball und dann Gras und Boden; und das erreicht man durch einen steileren Auftreffwinkel. Dazu wird der erfahrene Golfer den Ball mehr vom rechten Fuß spielen, aufrechter schwingen und die Handgelenke beim Rückschwung etwas früher einsetzen. Sollte sich diese Methode auf dem Übungsplatz für Sie als zu schwierig erweisen, können Sie den Extra-Backspin auch durch einen Fade erreichen, bei dem Sie ja automatisch steiler in den Ball hinein und ihn demzufolge höher schlagen. Drehen Sie also beim Ansprechen des Balles das Schlägerblatt etwas auf, ziehen Sie leicht nach links und schwingen Sie ganz normal durch den Ball hindurch. Auf hartem Boden wird der Ball nach dem Aufsetzen von links nach rechts abspringen.

5. Ein guter »Finesse-Spieler« wird immer einen ausreichenden Vorrat an »Teil-Schlägen« haben, also Eisenschlägen von wechselnder Distanz und Flugbahn. Drei Schlüssel öffnen diesen »Sesam«. Man reduziert die Schlaglänge durch einen kürzeren Rückschwung und schwingt dann normal durch den Ball hindurch. Das ist sicherer, als nach einem vollen Rückschwung den Schlag dann vor dem Treffen des Balles abzubremsen. Oder man »mißt« die Länge des Rückschwunges an der Länge des auszuführenden Schlages, indem man durch zahlreiche Probeschwünge seine Vorstellungskraft und seine Muskeln auf den kürzeren Schlag programmiert. Der dritte Schlüssel heißt Erfahrung, und die gewinnt man nur nach intensivem Üben. Können Sie sich dazu aber nicht durchringen, so wird es am besten sein, wenn Sie den Schläger nehmen, der Ihrer Meinung nach für diese Entfernung paßt.

Der Schlag aus dem hohen Gras

1. Aus dem persönlichen Verhalten in schwierigen Situationen erkennt man den Unterschied zwischen den großen Gewinnern und all den vielen, die einen großartigen Ball schlagen können, deren kümmerliche Erfolge aber in keinem Verhältnis zu ihren physischen Fähigkeiten stehen. Alle wahren Meister haben früher oder später das oberste Gesetz für das Verhalten in schwierigen Situationen erkannt und auch danach gehandelt. Es lautet: »Ganz ruhig bleiben«! Je klarer Sie in der Konfrontation mit einem Problem denken können, desto besser werden Sie es lösen. Es wird immer Pechsträhnen geben, und Sie werden immer Fehler machen. Vergessen Sie dieselben, sobald Sie geschehen sind – sie sind bereits Vergangenheit. Konzentrieren Sie sich nur auf das *Jetzt* und schließen Sie alles andere aus. Und wenn der Fehler bei Ihnen und es nicht am Platz lag, dann rekonstruieren Sie sie hinterher auf dem Übungsplatz und merzen Sie sie gleichzeitig aus. Ich habe kein Patentrezept dafür, wie Sie sich innerlich auf einen Sieg vorbereiten können; aber ich kann und werde Sie in dieser und den folgenden vier Stunden mit der Technik der Recovery Schläge vertraut machen.

2. Das zweite Gesetz für das Verhalten in schwierigen Situationen lautet: »Realistisch sein, nicht auf Wunder vertrauen«! Wann immer Sie in einem Rough liegen, dessen Gras über den Hals des Schlägers reicht, können Sie damit rechnen, daß sich das Gras beim Schlag durch den Ball um den Schlägerhals wickeln wird. Der Schlägerkopf wird dadurch am Schaftende langsamer als an der Spitze und das Blatt dreht sich zu. Und je höher, dichter oder nasser das Gras ist, desto schneller wird sich das Schlägerblatt schließen. Also aufgepaßt! Spielen Sie den im Verhältnis zur Lage des Balles sichersten Schlag. Je mehr Gras zwischen Schlägerblatt und Ball kommt, desto weiter wird der Ball nach dem Aufsetzen rollen und desto eher wird er nach links abdrehen. Gleichen Sie das automatische Schließen des Schlägerblattes dadurch aus, daß Sie es beim Ansprechen des Balles je nach der Dichte des Roughs entsprechend weit aufdrehen und schwingen Sie steil zurück.

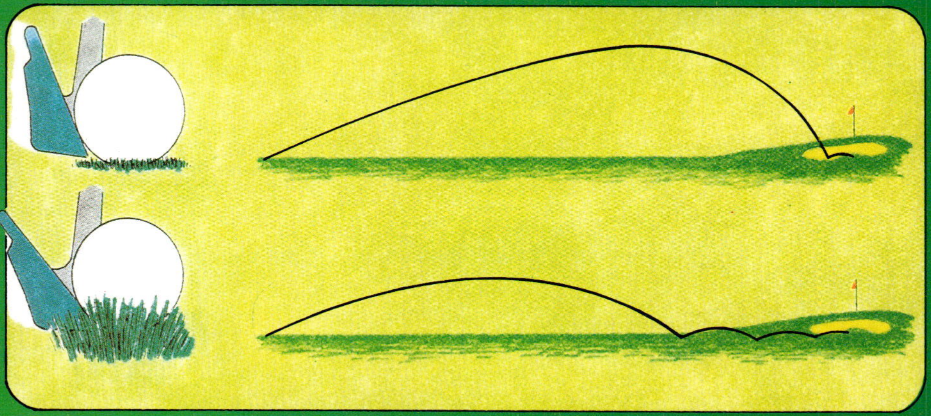

3. Aber selbst, wenn es nicht über den Schlägerhals hinausgeht, so ist langes, nasses und weiches Gras doch ein Problem, weil es den schon früher beschriebenen »flier« verursacht, der den Spielern so häufig Kopfzerbrechen macht. In einer solchen »flier-Lage« ist der Ball gerade außerhalb des geschnittenen Fairways, bei dichtem Fairwaygras mit viel Klee oder in Vertiefungen der Bahn, die von den Messern der Mähmaschine nicht erreicht werden. In dieser Lage muß der Spieler versuchen, im Treffmoment so wenig Gras wie möglich zwischen Schlagfläche und Ball zu bekommen, indem er steiler schwingt und dadurch einen hohen, weich landenden Fade erzielt. Läßt sich der flier aber auf keinen Fall vermeiden, so muß man sich bei der Planung des Schlages eben darauf einstellen. Liegen Sie also in einer Eisen-5-Entfernung vom Grün, dessen Vorderseite keine, dessen Rückseite aber erhebliche Hindernisse aufweist, so nehmen Sie ein 6 oder 7.

4. Wann immer der Ball im Rough liegt, sollten Sie darauf achten, in welche Richtung das Gras wächst oder sich gelegt hat. Je mehr das in Richtung auf das Ziel ist, desto flacher wird der Ball und desto weiter wird er rollen. Richten Sie sich bei der Schlägerwahl danach. Wächst oder liegt das Gras in Richtung auf den Spieler, so wird es dem Ball mehr Widerstand leisten und den Schlag verkürzen. In diesem Fall also entsprechend »mehr« Schläger nehmen. Je stärker das Gras nach irgend einer Seite liegt, desto mehr wird es den Ball im Treffmoment herunterziehen. Sie müssen also darauf bedacht sein, den Schlägerkopf voll unter dem Ball durchzuschwingen.

5. Die Fähigkeit, sich etwas klar vorzustellen, ist im Golf von unschätzbarem Wert. Wenn ich mit einer üblen Lage konfrontiert bin, gehe ich in Gedanken die ganze Skala der möglichen Recoveries durch, die ich im Laufe der Jahre gelernt habe. Viele fallen gleich weg, weil sie sinnlos und unmöglich sind; aber es bleiben mir meistens zwei oder drei Alternativen. Ihre jeweilige Brauchbarkeit prüfe ich dadurch, daß ich mir ganz genau vorstelle, wie sich der Ball in jedem einzelnen Fall wohl »benehmen« würde. Erscheint es aber so gut wie unmöglich, daß dies auch nur annähernd meiner Vorstellung nach geschehen könnte, so weiß ich, daß meine Chance äußerst gering ist. Ich empfehle Ihnen diese Überlegung, bevor Sie das nächste Mal den Versuch unternehmen, ein Holz 3 aus hängender Lage aus tiefem, nassem Rough auf ein schmales, durch einen See geschütztes Grün zu schlagen. Stellen Sie sich bitte vor, was *wirklich* passieren würde, wenn Sie diesen Schlag versuchen.

Lange und kurze Schläge aus dem Rough

1. Liegt der Ball in leichtem oder mittlerem Rough noch weit vom Grün, so sollte der Spieler sich eigentlich auf seine Fairway-Hölzer verlassen, besonders Holz 4, 5 oder mehr. Die Schläger haben dickere oder weicher abgerundete Köpfe, mit denen sie leichter durch langes Gras gleiten als die langen Eisen, und sie werden durch das Gras auch nicht so leicht abgelenkt, wie es bei den Schlägerblättern der Eisen möglich ist. Der mit dem Holz geschlagene Ball wird höher fliegen und weicher landen, als es mit einem langen Eisen möglich ist, wenn sich im Treffmoment das Gras zwischen Ball und Schlägerblatt schiebt. Flughöhe und Abstoppen des Balles können durch leichtes Anschneiden noch verbessert werden. Stellen Sie sich dazu etwas mehr hinter den Ball, zielen Sie nach links, drehen Sie die Schlagfläche auf, ziehen Sie den Abschwung mit Beinen und Hüften durch, schlagen Sie voll durch den Ball hindurch und rechnen Sie mit einem Fade. Wenn Sie den Schläger dabei kürzer fassen, können Sie diesen Schlag auch auf geringere Entfernung spielen, als es mit dem betreffenden Schläger an sich möglich wäre – das heißt, für weite Schläge zum Grün von langem, weichem Fairway oder aus leichtem und mittlerem Rough.

2. Länge und Höhe aus wirklich schwerem und dichtem Rough ist so gut wie unmöglich. Auch in seiner Richtung wird der Schlag nur selten genau sein. Es gibt aber eine Möglichkeit, den Ball auch aus hohem Gras relativ weit zu schlagen, so lange er weit ausrollen kann und in seiner Richtung nicht unbedingt präzise sein muß. Das kann zum Beispiel sehr nützlich sein, wenn der Drive an einem Par-5 oder langen Par-4-Loch im Rough landet und auf dem weiteren Weg zum Grün keine Gefahren drohen. Sie nehmen dazu einen Schläger mit ausreichendem Loft, also ein Eisen 4 oder 5, spielen den Ball so weit wie irgend möglich vom rechten Fuß, Hände weit vor dem Ball und Schlägerblatt square oder leicht geschlossen, greifen den Schläger fest, drehen sich voll auf und schlagen mit aller Kraft von oben in den Ball hinein, wobei die linke Hand den ganzen Schlag führen muß. Es darf Sie nicht kümmern, daß dieser Schlag nicht besonders elegant ist, Sie sollen nur daran denken, dem Ball »richtig eins drauf zu geben«. Das Ergebnis schaut auch nicht besonders gut aus: ein flacher Ball mit einem gehörigen Hook. Richtig gespielt, kann der Schlag aber eventuell das Par noch retten oder sogar ein Birdie ermöglichen.

3. Einer der häufigsten »Problemschläge« im Golf ist der kurze Pitch aus dem Rough ans Grün. Dabei muß der Ball oft über ein Hindernis gehen, wie Bunker oder Wasser und dann womöglich auch noch kurz abstoppen, um in einer Ein-Putt-Entfernung vom Loch oder überhaupt auf dem Grün liegen zu bleiben. Ist das Rough nicht zu schwer und/oder der Ball liegt einigermaßen mit genügend Gras unter sich, so versuchen Sie bitte nicht, ihm einen Extra-Backspin zu geben. Spielen Sie ganz einfach einen Lob oder »floater«. Dazu nehmen Sie den Pitching Wedge oder Sand Wedge, greifen den Schläger in seiner vollen Länge, stellen sich möglichst weit hinter den Ball, drehen das Schlägerblatt beim Ansprechen des Balles auf und schwingen mit festen Handgelenken ganz aus den Armen weich und fast im Zeitlupentempo zurück.
Versuchen Sie, im Abschwung das gleiche Zeitlupentempo beizubehalten und schwingen Sie den Schlägerkopf ohne einen stärkeren Einsatz der Handgelenke voll unter dem Ball hindurch. Das soll so vor sich gehen, daß die rechte Hand den Schläger durch den Ball schlägt, ohne dabei die linke zu überholen oder zu überrollen. Ihre Augen sind während des ganzen Schlages fest auf die Rückseite des Balles gerichtet. Sauber geschlagen, wird der Ball weich und langsam ansteigen und nach dem Aufsetzen kaum ausrollen. Variieren Sie die Schlaglänge eher durch die Länge des Arm-Schwunges als dadurch, daß Sie den Schlägerkopf mit Händen und Handgelenken im Treffmoment beschleunigen.

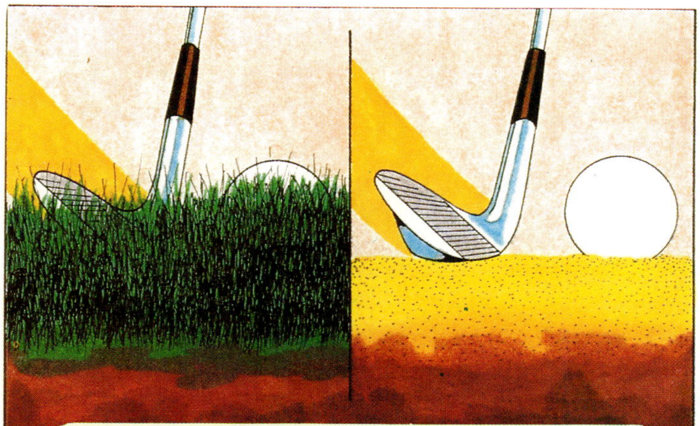

4. Liegt der Ball tief in schwerem, nassem Rough, dann ist der Schlag sehr viel schwerer und sie sollten keinesfalls zuviel davon erwarten. Den Ball nur irgendwie auf das Grün zu bringen oder vielleicht sogar aufs glatte Vorgrün, ist alles was Sie erhoffen können. Sie spielen diesen Ball – natürlich nur nach vorangegangenem Üben – am besten als Explosionsschlag mit dem Sand Wedge und zwar genau so wie aus einem Grünbunker. Stellen Sie sich an den Ball wie zu einem Bunkerschlag, das heißt, hinter den Ball, etwas offener Stand, stark aufgedrehtes Schlägerblatt. Richten Sie Ihre Augen auf einen Punkt 2 bis 3 Zentimeter hinter dem Ball, schwingen Sie aus den Handgelenken und Händen steil zurück und schlagen Sie mit der rechten Hand kräftig in den Punkt hinter dem Ball, auf den Ihre Augen gerichtet sind. Das linke Handgelenk darf im Schlag nicht nachgeben und die rechte Hand die linke nicht überrollen. Der Schlägerkopf muß vielmehr fest und entschlossen unter dem Ball durch das Gras geschlagen werden.

5. Blätter und Tannennadeln können in manchen Gegenden zu gewissen Zeiten auch einigen Ärger machen. Natürlich können Sie versuchen, die Umgebung des Balles, so gut es geht, frei zu machen. Liegt er aber über dem festen Boden auf losen Gegenständen, dann besteht das Risiko, daß Sie ihn bewegen. Das kostet nicht nur einen Strafschlag, Sie müssen den Ball dann außerdem auch wieder in seine Ausgangslage zurücklegen, womit Sie wieder vor der gleichen Situation stehen. Also größte Vorsicht! Lassen Sie die Finger weg und setzen Sie den Schläger beim Ansprechen des Balles nicht auf. Bedenken Sie außerdem, daß Sie den Ball in dieser Lage bei einem vollen Schlag nicht ganz sauber »erwischen« werden, so daß er flacher bleibt und weiter rollt. Der Schlag erfordert also einen Schläger mit mehr Loft. Einen kurzen, hohen Pitch spielen Sie auch hier am besten als Explosionsschlag, wie ich es weiter oben beschrieben habe; also Ball am linken Fuß, Schlägerblatt aufgedreht, steiler Rückschwung und Abschwung und 2 bis 3 Zentimeter hinter dem Ball in das Laub.

Lektion 39:

Der Schlag von einer glatten Unterlage

1. Haben Sie Angst vor glatten Lagen? Hier ist das Gegenmittel! Nehmen Sie 20 Bälle, Ihr Eisen 5 und Holz 4 und suchen Sie sich die kahlste, glatteste Stelle auf der Driving Range, die Sie nur finden können. Spielen Sie zuerst das Eisen 5 etwa 3 bis 4 Zentimeter mehr vom rechten Fuß, wobei die Hände aber in ihrer normalen Stellung verbleiben und damit weit vor dem Ball sind. Schwingen Sie dann ganz natürlich zurück und schlagen Sie kräftig in den Ball hinein, wobei Sie unbedingt die Rückseite des Balles vor dem Boden treffen müssen. Bei festen Handgelenken führt die linke Hand den Schlag als einen Punch in den Ball hinein.
Wiederholen Sie das mit dem Eisen 5 noch 9 mal und danach 10 mal mit dem Holz 4 mit genau der gleichen Technik. Diese kleine Übung demonstriert Ihnen die erste Grundregel für die Beherrschung der Schläge von glatten Unterlagen. Um den Ball aus einer solchen Lage in die Luft zu bekommen, müssen Sie hart von *oben* in ihn *hineinschlagen*. Sind Ihnen diese Schläge bisher danebengegangen, so lag es wahrscheinlich daran, daß Sie Ihrem natürlichen Instinkt nachgegeben und versucht haben, ihn gewissermaßen hochzulöffeln. Aber das funktioniert nicht und führt nur dazu, daß das Schlägerblatt mit seiner Vorderkante flach auf den Ball trifft, der dann, wie getoppt, flach am Boden weggeht.

2. Gute Spieler können den Ball auch aus solchen »glatten Lagen« hochbekommen, wenn der Schlägerkopf ihn mit hoher Geschwindigkeit und ganz sauber trifft. Die besseren Tour-Pros spielen Annäherungsschläge sogar lieber aus glatten Lagen als von einem zu weichen Untergrund, weil sie dem Ball dann sehr viel mehr Backspin geben können. Sind Sie sich Ihrer Schlagtechnik aber nicht ganz sicher, so gibt es noch einen leichteren Weg, den Ball mit Backspin in die Luft zu bekommen. Schneiden Sie den Ball leicht an und spielen Sie ihn mit aufgedrehtem Schlägerblatt als Fade vom rechten Fuß, zielen Sie etwas nach links und schlagen Sie voll von oben in den Ball hinein. Der Rückschwung verläuft ganz normal, und im Durchschwung sollte die rechte Hand erst weit nach dem Treffmoment die linke Hand überrollen. Nehmen Sie »genug Schläger« und fixieren Sie Ihren Blick – wie immer in solchen Lagen – auf die Rückseite des Balles bis er verschwindet. Sie können diese Technik mit allen Fairway-Hölzern und -Eisen praktizieren.

3. Ein Ball im Divot ist immer ein Ärgernis. Es bedeutet aber nicht das Ende der Welt und muß, wenn Sie Augen und Verstand gebrauchen, auch nicht unbedingt einen Schlag kosten. Schauen Sie sich zuerst den Weg zum Grün genau an, ob Sie den Ball ohne besonderes Risiko flach hinrollen können. Geht das, so spielen Sie einen Punch; das heißt mindestens einen Schläger mehr als sonst bei der Entfernung, kurz fassen, Ball etwas vom rechten Fuß, Hände weit vorn, kontrolliert schwingen und unter Führung der linken Hand von oben in den Ball und durch ihn hindurchschlagen. Im Zweifel wird es ein Draw. Muß der Ball dagegen die ganze Strecke bis zum Grün fliegen, so spielen Sie ihn als einen Cut. Nehmen Sie »viel Schläger«, drehen Sie das Schlägerblatt auf, stehen Sie selbst beimAnsprechen des Balles offen, schwingen Sie voll durch und schlagen Sie hart von oben in den Ball, ohne daß die linke Hand die rechte überrollt, bevor der Ball auf der Reise ist. Wegen ihrer rauhen Sohle sind die schrägen Hölzer bei diesem Schlag den Eisen vorzuziehen.

4. Bleiben Sie auf einem trockenen Platz mit dem Annäherungsschlag zu kurz, so kann es leicht passieren, daß Sie von hartem Untergrund einen kurzen Pitch über ein Hindernis aufs Grün spielen müssen. Das ist einer der schwierigsten Schläge im ganzen Golf; und Regel 1 lautet daher: »Seien Sie ja nicht zu ehrgeizig!« Spielen Sie aufs Grün und nicht ans Loch. Die meisten Amateure werden für diesen Schlag den Pitching Wedge oder das Eisen 9 nehmen und dann versuchen, den Ball glatt vom Boden wegzuschlagen. Aber das geht in der Regel schief. Entweder rammt sich die scharfe Vorderkante des Schlägers im Boden fest, oder der Ball ist leicht angetoppt und saust über das Grün. Nehmen Sie den Sand Wedge, zielen Sie etwa 2 Zentimeter hinter den Ball, halten Sie den Kopf ganz still, schwingen Sie ganz natürlich zurück und schlagen Sie dann von oben kräftig in den Ball hinein und durch ihn hindurch, ohne die Handgelenke dabei besonders einzusetzen.

5. Handelt es sich um keinen vollen Schlag, so braucht man schon einen feinen Touch, starke Nerven und eine Menge Selbstvertrauen, wenn man den Ball aus solch glatten Lagen hoch in die Luft bekommen will. Deshalb wird der erfahrene Spieler, wann immer es möglich ist, den Ball dann den größten Teil der Strecke bis zum Loch oder auf der ganzen Länge rollen. Bei trockenem Wetter werden Vorgrüns durch starkes Bespielen leicht hart und das Gras wird ausgedünnt. In diesen Situationen kann man auf der Tour dann das sogenannte »Texas Wedging« beobachten, wenn die Spieler nämlich schon weit vor dem Grün zum Putter greifen. Soll dieser Ball weich und trotzdem stark genug geschlagen werden, so erreicht man das viel besser durch einen längeren Rück- und Durchschwung als durch einen verstärkten Einsatz von Händen und Handgelenken im Treffmoment.

Spielen aus Schräglagen

1. Schräglagen sollte man, wenn möglich, überhaupt vermeiden, indem man seinen Drive, soweit das geht, auf den ebenen Bereich des Fairways plaziert. Deshalb spiele ich häufig vom Abschlag nur ein Eisen, weil ich viel lieber einen langen Schlag zum Grün aus ebener Lage spiele als einen kürzeren, der dafür irgendwie hängt. Aus dem gleichen Grund bin ich immer bemüht, meine Drives auf einen ebenen Teil des Fairways zu schlagen. Die zweite Regel lautet: Läßt sich die Schräglage nicht vermeiden, so soll man sie als einen festen Bestandteil des Spiels akzeptieren und sich der Herausforderung stellen und nicht über das angebliche Pech jammern oder den Architekten zur Hölle wünschen. Die Annahme der Herausforderung verlangt aber eine genaue Kenntnis der Flugbahn des Balles aus hängenden Lagen und wie der Spieler sich darauf einzustellen hat.

2. Lage hangaufwärts. Die Flugbahn ist höher und kürzer als von ebenem Untergrund. Also »genügend Schläger« nehmen. Sie werden bei diesem Schlag im Treffmoment leicht »stehen bleiben« oder sogar auf den rechten Fuß zurückfallen, was ein Pull oder Pull-Hook nach links ergibt. Bitte berücksichtigen Sie das bei der Planung des Schlages. Je steiler der Aufwärtshang ist, desto schwerer wird es, diesen beiden Effekten entgegenzuwirken. Kalkulieren Sie das in den Schlag ein und seien Sie ganz allgemein dabei nicht zu ehrgeizig. An einem wirklich steilen Hang muß der Schläger so viel Loft haben, daß der Ball über die Spitze des Hügels oder den Kamm des Walles geht, selbst, wenn er dann nicht auf dem Grün landet. Sie können die Wirkung des Hanges bis zu einem gewissen Grad dadurch ausgleichen, daß Sie sich zu ihm möglichst senkrecht im Sinn eines Uhrpendels stellen, so daß der Schwungbogen Ihres Schlägers sich dem Hang eher anpaßt, als sich ihm entgegenzustellen. Beim Rückschwung zu schwanken läßt sich dadurch vermeiden, daß man nur wenig aufdreht und mehr mit Händen und Armen schwingt.

3. Lage hangabwärts. Geht es steil abwärts, so kann das auch für die besten Spieler einer der schwersten Schläge überhaupt sein. Der Ball fliegt flacher, weiter und rollt länger aus als im Normalfall. Da es schwierig ist, beim Rückschwung das Gewicht vom linken Fuß auf den rechten zu verlagern, und der Körper beim Durchschwung leicht zu sehr den Hang »hinunterfällt«, wird der Schlag häufig ein Push oder Push-Slice nach rechts. Das sollte man beim Ansprechen des Balles bedenken. Je länger in dieser Lage der Schlägerschaft ist, desto flacher wird der Schwungbogen durch den Ball hindurch und desto größer ist die Gefahr, den Boden *vor* dem Ball zu treffen. Deshalb wird es sich bei steilen Abwärtslagen auszahlen, einen kürzeren Schläger mit mehr Loft zu nehmen, selbst, wenn der Schlag dadurch im ganzen kürzer wird. Zur Stellung am Ball gilt das gleiche wie in der Aufwärtslage. Je senkrechter im Sinn des Uhrpendels Sie zum Hang stehen können, desto besser können Sie die Schwungbahn des Schlägers der Hangneigung anpassen. Halten Sie Ihr Gewicht möglichst während des ganzen Schlages primär auf dem rechten Fuß. Sie verringern dadurch die Gefahr, beim Durchschwung den Hang »hinunterzufallen«.

4. Sie stehen unter dem Ball. Je höher der Ball in Relation zu Ihren Füßen liegt, desto aufrechter sollten Sie beim Ansprechen stehen, um einen möglichst weiten Schwungraum zu behalten. Außerdem müssen Sie in dieser Stellung den Schläger kürzer greifen und das Gewicht mehr auf Zehen und Fußballen verlagern, um beim Schlag nicht die Balance zu verlieren. Bemühen Sie sich, ganz natürlich und weich zu schwingen und den Ball möglichst glatt und sauber vom Boden wegzuschlagen. Es wird aus dieser Lage zwangsläufig ein Hook, was Sie entweder durch ein entsprechendes Ausrichten nach rechts oder dadurch ausgleichen können, daß Sie das Schlägerblatt aufdrehen. Im zweiten Fall sollten Sie dann wegen der höheren Flugbahn des Balles mindestens einen »Schläger mehr« nehmen.

5. Sie stehen über dem Ball. Hier besteht das Hauptproblem darin, während des ganzen Schlages »unten« zu bleiben. Eine leichte Hangneigung können Sie dadurch ausgleichen, daß Sie die Knie etwas mehr beugen und den Ball sozusagen aus einer »Sitzposition« heraus ansprechen. Das Gewicht verlagert sich in dieser Stellung auf die Hacken. Greifen Sie den Schläger am Ende des Schaftes, damit Sie wenigstens annähernd normal am Ball stehen können. An einem steilen Hang müssen Sie sich neben einer stärkeren Kniebeugung auch noch nach vorn neigen. Auch in dieser Lage aus Händen und Armen heraus so natürlich und weich wie möglich schwingen. Die Kniebeugung und die Körperneigung aus der Hüfte heraus sind bis nach dem Treffmoment beizubehalten und der Kopf wird nicht bewegt, weil jedes Schwanken des Körpers leicht zu einem Shank führen kann. Rechnen Sie bei diesem Schlag mit einem Fade oder Slice. Muß der Schlag aber unbedingt gerade sein, so sollten Sie das Schlägerblatt leicht schließen.

Lektion 41:

Die Bewältigung schwieriger Lagen

Da ich in Ohio aufwuchs, spielte ich als Junge hauptsächlich auf weichen und relativ windgeschützten Plätzen, auf denen der Ball im allgemeinen genau dort liegenblieb, wo man ihn hinspielte. Zu der Zeit war das Rough eigentlich mein einziges Problem, aber ein steiler Schwung und ein Bulldozer-Schlag brachten den Ball überall heraus, bis auf knietiefes Dickicht. Auf der Pro-Tour, mit ihrer ungeheuren Vielzahl von Plätzen, Bodenbeschaffenheiten und Wetterverhältnissen, merkte ich dann aber sehr schnell, wie viel ich im Golf noch lernen mußte. Als erstes ging mir auf, daß ein klares Vorstellungsvermögen sehr viel wichtiger ist als brutale Kraft, wenn man die eigenen Fehler und die für dieses Spiel so typischen unglücklichen Zufälle überleben will. Die Beherrschung einer ausgefeilten Schlagtechnik zur Realisierung meiner Vorstellungen war die zweite Notwendigkeit, die ich sehr bald erkannte. Im Nachfolgenden schildere ich Ihnen sieben Situationen als Beispiele aus meinem Lernprozeß.

1. Der begrenzte Schwung. Der Schlag unter Baumästen oder anderen, den Schwung begrenzenden Objekten ist gar nicht so schwer, wie es den Anschein hat, wenn man drei Dinge bedenkt: Als erstes müssen Sie sich auf den begrenzten Schwungraum einstellen, in dem Sie ihn durch zahlreiche Probeschwünge abmessen und abgrenzen. Als zweites sollten Sie sich bemühen, das Hindernis so weit wie möglich zu vergessen und sich ganz darauf konzentrieren, langsam und ruhig zu schwingen. Und als drittes erliegen Sie bitte nicht der Versuchung, vor lauter Angst ruckartig aufzuschauen, sondern halten Sie den Kopf eisern unten, bis der Ball weg ist. Sie dürfen in einer solchen Lage auch nicht gleich die Flinte ins Korn werfen.

2. Der Linksschlag-Recovery. Liegt der Ball einigermaßen, so ist der Linksschlag manchmal die einzige Lösung. Nehmen Sie ein Eisen mit viel Loft, also eine 6, 7 oder 8, drehen Sie das Schlägerblatt mit der Spitze nach unten, so daß Sie den Ball mit der Vorder- und nicht mit der Rückseite des Schlägerblattes treffen. Wechseln Sie die Hände am Schaft zu einem Linksgriff und machen Sie möglichst viele Probeschwünge, um einigermaßen ein Gefühl für diesen ungewöhnlichen Linksschlag zu bekommen. Schauen Sie dann genau auf den Ball und schwingen Sie ganz langsam. Wenn Sie nicht von Natur aus beidhändig sind, sollten Sie bei einem derartigen Schlag keineswegs auf Länge gehen. Erscheint Ihnen alles andere zu riskant, so buffen Sie den Ball einfach linkshändig mit dem Putter heraus.

3. Der Schlag aus dem Wasser. Liegt der Ball nicht tiefer als 1 bis 1 1/2 Zentimeter oder schaut er vielleicht sogar zum Teil aus dem Wasser heraus, so ziehen Sie erst einmal Ihren Regenanzug an. Das nimmt Ihnen die Angst, naß zu werden, so daß Sie voll zuschlagen können. Als nächstes brauchen Sie einen festen Stand, selbst auf die Gefahr hin, Schuhe und Strümpfe ausziehen und die Hosen hochkrempeln zu müssen. Schwingen Sie den Schläger dann steil zurück und schlagen Sie von oben kräftig in das Wasser und zwar etwas weiter hinter dem Ball, als Sie es eigentlich für notwendig halten – also etwa so, wie Sie einen eingebohrten Ball aus dem Bunker schlagen.

4. Der »Bump and Run«. Diesen Schlag können Sie bei den Pros auf der Tour immer dann sehen, wenn nichts anderes mehr geht, also zum Beispiel, wenn der Ball schlecht liegt, die Fahne nahe am Grünrand steht und dazwischen ein Wall oder ein Bunker mit hartem Sand liegt. Muß der Ball dabei durch den Sand gehen, so nehmen Sie ein langes Eisen, fassen es kurz, spielen den Ball vom rechten Fuß, Hände weit vor dem Ball und schlagen dann fest von oben in den Ball hinein. Es ist an sich ein Verzweiflungsschlag, aber mit einiger Übung kann er ganz gut gelingen. Üben Sie den Schlag auch mit einem mittleren Eisen gegen einen Gras-Wall, um dadurch herauszufinden, inwieweit die verschiedenen Hangneigungen den Ball abstoppen.

5. Ball an der Mauer. Hier gibt es zwei Möglichkeiten. Am einfachsten ist es, mit einem Wedge oder Eisen 9 senkrecht von oben auf den Ball draufzuschlagen und ihn so zwischen den eigenen Beinen hindurch von der Wand wegzubuffen. Wollen Sie mehr erreichen, so nehmen Sie zwei Schläger weniger als bei gleicher Entfernung vom Fairway, drehen das Schlägerblatt ganz zu, schauen genau auf den Ball und schlagen ihn dann ganz normal. Können Sie den Ball dabei sauber treffen, so wird das zugedrehte Schlägerblatt ihn ganz nach links und damit weg von der Mauer lenken und nicht in die Richtung Ihres Schwunges.

6. Ball auf Steinen. Ein Schlag aus Steinen ruiniert zuerst einmal ihren Schläger, kann aber auch für die Augen gefährlich sein. Seien Sie also nicht leichtsinnig! Wenn Sie es aber riskieren wollen und wenn der Untergrund locker und die Steine nicht zu groß sind, so können Sie eine Art Bunkerschlag spielen, indem Sie etwa 3 bis 4 Zentimeter hinter dem Ball fest in den Boden schlagen. Sind die Steine aber eher Felsbrocken, so bleibt Ihnen nur derVersuch, den Ball ganz glatt »herauszulupfen«. Haben Sie Pech, kommen Sie damit noch tiefer in die Steine.

7. Der »Grabenkrieg«. Je tiefer der Ball im Verhältnis zu Ihrem eigenen Stand liegt, desto riskanter ist der Schlag und desto sorgfältiger sollten Sie überlegen, ob es nicht gescheiter ist, den Ball für unspielbar zu erklären und den Strafschlag auf sich zu nehmen, als ihn zu spielen. Wollen Sie den Ball aber spielen, so müssen Sie Ihre Knie so weit wie möglich beugen und sich so weit wie möglich nach vornüber neigen. Schwingen Sie den Schläger aus scharf abgewinkelten Handgelenken steil zurück und schlagen Sie von oben in den Ball hinein.

Lektion 42:

Wie kann man ein Spiel gewinnen?

1. Mit dem Golf ist es so wie mit allen anderen Dingen im Leben: Man bekommt nur soviel heraus, wie man hineingesteckt hat. Ich erhielt den Beweis dafür 1979, dem schlimmsten Jahr seit ich Pro wurde. Damals glaubte ich, mich auf jedes Turnier voll und ganz vorbereitet zu haben; rückblickend weiß ich aber, daß es keineswegs hundertprozentig war. Ich arbeitete zwar an meinem Spiel, aber eben nicht hart genug. Im Unterbewußtsein dachte ich vielleicht, daß 25 Jahre erfolgreiches Golf plus natürliches Talent und die inzwischen gewonnene Erfahrung ausreichen würden. Es war, wie ich bald erkennen mußte, ein schmerzlicher Irrtum. Selbstvertrauen ist der wichtigste Einzelfaktor im ganzen Spiel; und auch mit dem größten Talent läßt sich dieses Selbstvertrauen nur durch eines gewinnen und erhalten – Arbeit. Das mag eine harte Nuß sein, aber die klare Erkenntnis dieser Tatsache ist der erste Schritt zum Erfolg. Auf diese Weise habe ich 1979 gelernt, daß es auf dem Weg zum Sieg keine »Abkürzungen« gibt«.

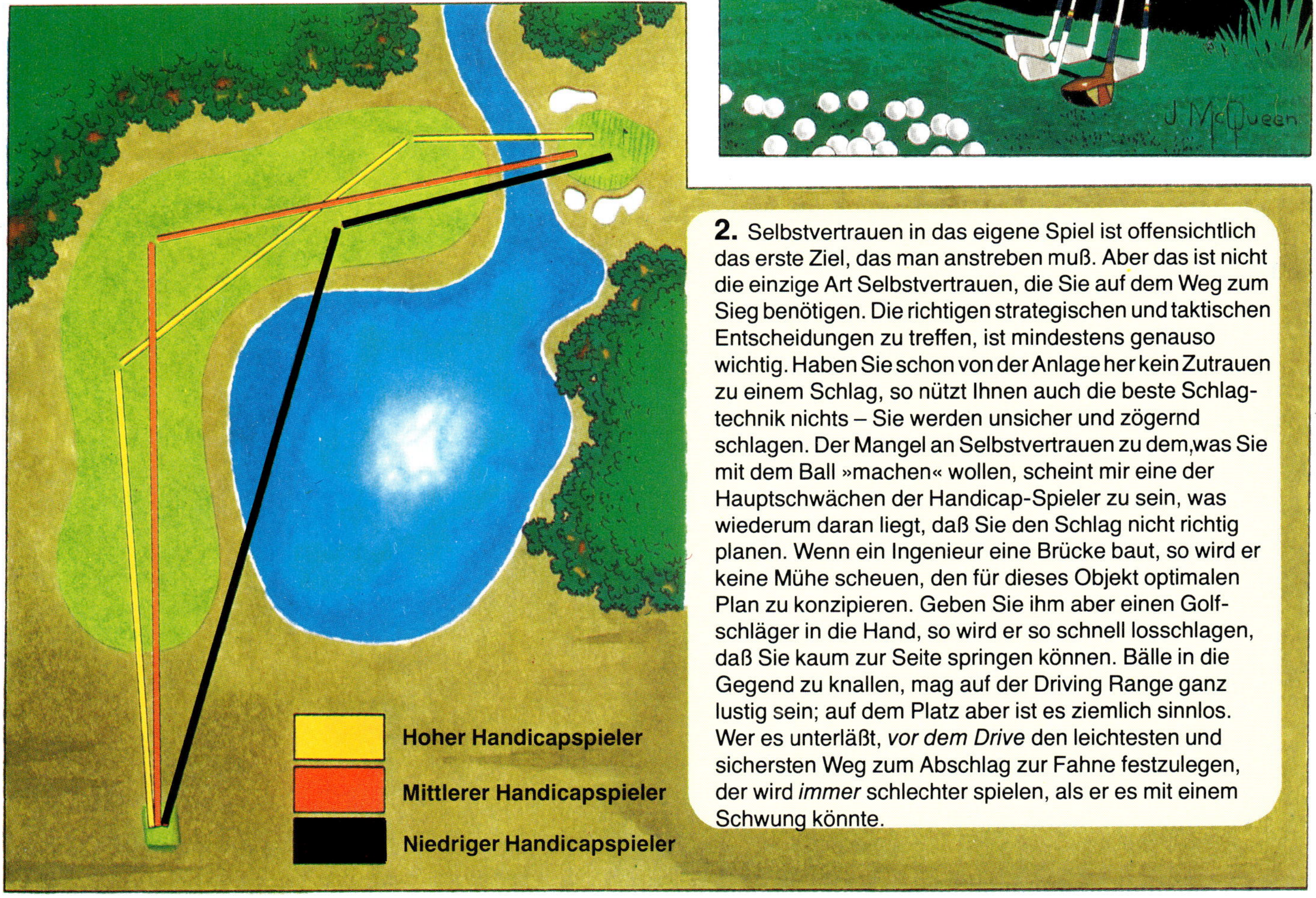

2. Selbstvertrauen in das eigene Spiel ist offensichtlich das erste Ziel, das man anstreben muß. Aber das ist nicht die einzige Art Selbstvertrauen, die Sie auf dem Weg zum Sieg benötigen. Die richtigen strategischen und taktischen Entscheidungen zu treffen, ist mindestens genauso wichtig. Haben Sie schon von der Anlage her kein Zutrauen zu einem Schlag, so nützt Ihnen auch die beste Schlagtechnik nichts – Sie werden unsicher und zögernd schlagen. Der Mangel an Selbstvertrauen zu dem,was Sie mit dem Ball »machen« wollen, scheint mir eine der Hauptschwächen der Handicap-Spieler zu sein, was wiederum daran liegt, daß Sie den Schlag nicht richtig planen. Wenn ein Ingenieur eine Brücke baut, so wird er keine Mühe scheuen, den für dieses Objekt optimalen Plan zu konzipieren. Geben Sie ihm aber einen Golfschläger in die Hand, so wird er so schnell losschlagen, daß Sie kaum zur Seite springen können. Bälle in die Gegend zu knallen, mag auf der Driving Range ganz lustig sein; auf dem Platz aber ist es ziemlich sinnlos. Wer es unterläßt, *vor dem Drive* den leichtesten und sichersten Weg zum Abschlag zur Fahne festzulegen, der wird *immer* schlechter spielen, als er es mit einem Schwung könnte.

3. Im Golf gibt es unzählige paradoxe Dinge. Je mehr man zum Beispiel in einem Turnier die Gedanken auf den späteren Sieg konzentriert, desto geringer ist die Chance, am Ende den Pokal in der Hand zu halten. Ich habe das Glück gehabt, daß mir der Kampf um den erhofften Sieg immer genau so viel Freude gemacht hat wie der Enderfolg selbst. Mit dieser Einstellung konnte ich auf dem Golfplatz immer in der Gegenwart bleiben und mich voll und ganz auf jeden vor mir liegenden Schlag konzentrieren, ohne die nervliche Belastung, wenn die Gedanken immer schon voraus und in die Zukunft schauen wollen. Für alle diejenigen, die sich nur schwer auf die Gegenwart konzentrieren können, wenn der Sieg greifbar nahe erscheint, habe ich zwar kein Patentrezept, aber doch ein paar Ratschläge. Versuchen Sie vor allem, immer nur den *einen* gerade vor Ihnen liegenden *Schlag* zu spielen und weder an die hinter Ihnen noch an die vor Ihnen liegenden Schläge zu denken, bis der letzte Putt im Loch verschwindet.

4. Ihre Gegner beim Golf sind nicht – wie bei den meisten Sportarten – die Mitbewerber, sondern Sie selbst und der Platz. Ich habe auf der Tour Dutzende von Spielern erlebt, die über eine hervorragende Technik verfügten und trotzdem nicht gewannen, weil sie sich nicht richtig kontrollieren und motivieren konnten. Auf der anderen Seite gab es eine ganze Anzahl Spieler, die diese beiden Fähigkeiten in hohem Maße hatten und damit regelmäßig an der Spitze lagen, obwohl ihre physischen Voraussetzungen nur durchschnittlich waren. Die zweite Gruppe hat außerdem noch ein weiteres großes Plus. Sie sind Meister im Erkennen und Abschätzen des jeweils sichersten Schlages.
Im Gegensatz zu den dickköpfigen Gambler-Typen bauen sie ihr Spiel auf der Erkenntnis auf, daß die meisten Golfplätze viel eher Gewandtheit und Geschicklichkeit belohnen als pure Kraft und Aggression. Mehr als die Schlagtechnik, sind Geduld und Ausdauer für Ihren Sieg entscheidend.

5. Auf dem Weg zum Sieg gibt es keine Abkürzungen. Aber hier ist ein 8-Punkte-Plan, der vielen Handicap-Spielern helfen könnte. 1. Lernen Sie die Grundregeln eines guten Schwunges und Putts und bleiben Sie dann dabei durch dick und dünn. 2. Üben Sie mehr als spielen – vor allem die kurzen Schläge. 3. Spielen Sie gegen sich selbst und den Platz – nie gegen den Gegner oder die Mitbewerber. 4. Spielen Sie jedes Loch nach einem Plan, und seien Sie bei einer Aufstellung in bezug auf Ihre eigenen Fähigkeiten und die jeweiligen Umstände völlig realistisch. 5. Behalten Sie Ihre Nerven. Akzeptieren Sie die Tatsache, daß Golf niemals ein hunderprozentig faires Spiel war, daß Sie selbst menschlich sind und daher fehlen können. 6. Verschlimmern Sie nicht eigene Fehler und unglückliche Zufälle. Machen Sie bei Ihren Recoveries keine wilden Experimente. 7. Leben Sie in der Gegenwart – konzentrieren Sie sich immer nur auf den einen gerade vor Ihnen liegenden Schlag. 8. Spielen Sie vom ersten Abschlag an mit vollstem Einsatz – Golf geht über 18 Löcher, es geht nicht nur um ein Loch oder um einen Schlag.

Runden und Rekorde

Die Laufbahn als Professional

(einschließlich 1980)

Gesamtzahl der Siege in aller Welt	86
Siege in der offiziellen US-Tour	68
Zweiter Platz allein oder mit anderen	45
Dritter Platz allein oder mit anderen	31

- Preisgelder bis einschließlich 1980

  (offizielle Tourgewinne) $ 3.581.213
- Spitzenverdiener 1964, 1965, 1967, 1971, 1972, 1973, 1975, 1976
- PGA Player of the Year Auszeichnung 1967, 1972, 1973, 1975, 1976
- Siege in internationalen Meisterschaften 19; Masters (5); US Open (4); PGA Championship (5); British Open (3); U.S. Amateur (2)
- »Athlete of the Decade« Auszeichnung für 1970/80

Der Vorjahresgewinner, Arnold Palmer, hilft Jack Nicklaus 1963 in den grünen Blazer des Augusta National, das Symbol des Masters Champion

Internationale Siege

- British Open (3): 1966, 1970, 1978 (siebenmal war Nicklaus zweiter)
- Australian Open (6): 1964, 1968, 1971, 1975, 1976, 1978
- World Cup: In der Einzelmeisterschaft ein Rekord von 3 Siegen (1963, 1964, 1971) und 6 mal Mitglied des siegreichen amerikanischen Teams (1963, 1964, 1966, 1967, 1971, 1973)
- Ryder Cup: Mitglied des amerikanischen Teams (1969, 1971, 1973, 1975, 1977)

1970 British Open in St. Andrews. Nicklaus mit seiner Frau Barbara nach der Überreichung des Pokals

1975 PGA Championship in Firestone, Nicklaus' 4. Sieg

1980 US Open in Baltusrol

Die wichtigsten Meisterschaftserfolge

Jahr	Masters	US Open	PGA Championship	British Open
1962	15. Platz	Sieg	3. Platz	32. Platz
1963	Sieg	nicht qualifiziert	Sieg	3. Platz
1964	2. Platz	23. Platz	2. PLatz	2. PLatz
1965	Sieg	31. Platz	2. Platz	12. Platz
1966	Sieg	3. Platz	22. Platz	Sieg
1967	nicht qualifiziert	Sieg	3. Platz	2. Platz
1968	5. Platz	2. Platz	nicht qualifiziert	2. Platz
1969	24. Platz	25. Platz	11. Platz	6. Platz
1970	8. Platz	49. Platz	6. Platz	Sieg
1971	2. Platz	2. Platz	Sieg	5. Platz
1972	Sieg	Sieg	13. Platz	2. Platz
1973	3. Platz	4. Platz	Sieg	4. Platz
1974	4. Platz	10. Platz	2. Platz	3. Platz
1975	Sieg	7. Platz	Sieg	3. Platz
1976	3. Platz	11. Platz	4. Platz	2. Platz
1977	2. Platz	10. Platz	3. Platz	2. Platz
1978	7. Platz	6. Platz	nicht qualifiziert	Sieg
1979	4. Platz	9. Platz	65. Platz	2. Platz
1980	33. Platz	Sieg	Sieg	4. Platz

Total:
Masters: 5 Siege, 3 mal 2. Platz, 2 mal 3. Platz
US Open: 4 Siege, 2 mal 2. Platz, 1 mal 3. Platz
PGA Championship: 5 Siege, 3 mal 2. Platz, 3 mal 3. Platz
British Open: 3 Siege, 7 mal 2. Platz, 3 mal 3. Platz.

Die wichtigsten Erfolge als Amateur

1950 – Alter 10 Jahre
- Fing mit Golf an und spielte die ersten 9 Löcher seines Lebens in 51

1953 – Alter 13 Jahre
- Ohio State Juniorenmeister (13-15jährige Spieler)
- Columbus Junior Match Play Champion
- Gewann 3 Spiele in der ersten nationalen Meisterschaft, den USGA Juniors
- Kam bis ins Viertelfinale der Columbus District Amateurmeisterschaft

1954 – Alter 14 Jahre
- Scioto Junior Club Champion. Spielte in der Schlußrunde sein erstes As
- Columbus Junior Match Play Champion
- Bester Score in der Ausscheidungsrunde der Drei-Staaten High School Championships (Ohio, Indiana, Kentucky)
- Schied in der zweiten Runde der USGA Juniors aus
- Erreichte die Schlußrunde der Columbus State Amateurmeisterschaft
- Schied in der ersten Runde der Ohio State Amateurmeisterschaft aus (Sieger war Arnold Palmer)
- Spielte im Upper Arlington High School Team

1961 U.S. Amateurmeisterschaft in Pebble Beach mit seinem Schlußrundengegner Dudley Wysong

1955 – Alter 15 Jahre
- Columbus Junior Match Play Champion
- Columbus Junior Stroke Play Champion
- Ohio Jaycees Sieger
- Hatte zusammen mit einem Mitbewerber den besten Score in der Ausscheidungsrunde zur National Jaycees
- Erreichte das Viertelfinale der USGA Juniors
- Columbus District Amateur Champion
- Bester Score in der Ausscheidungsrunde der Ohio State Amateurmeisterschaft
- Qualifizierte sich zum ersten Mal für die U.S. Amateurmeisterschaft. Verlor in der ersten Runde

1956 – Alter 16 Jahre
- Ohio State Juniorenmeister
- Bester Score in der Ausscheidungsrunde der Drei-Staaten High School Championship
- Ohio Jaycees Sieger
- Verlor das Stechen in der National Jaycees
- Erreichte die Vorschlußrunde der USGA Juniors
- Erreichte das Viertelfinale der Ohio State Amateurmeisterschaft
- Ohio State Open Champion
- Fünfter im Sunnehanna Amateur Invitational
- Erreichte die dritte Runde der US Amateurmeisterschaft

1957 – Alter 17 Jahre
- Central Ohio High School District Champion
- Ohio High School State Champion
- Ohio Jaycees Sieger
- National Jaycees Sieger
- Erreichte die dritte Runde der USGA Juniors
- Qualifizierte sich zum ersten Mal für die US Open und verfehlte mit 160 den Cut um 10 Schläge
- Erreichte die vierte Runde der US Amateurmeisterschaft

1958 – Alter 18 Jahre
- Trans-Mississippi Champion
- Spielte 67-66-76-68 für den 12. Platz in seinem ersten Turnier in der Pro-Tour, der Rubber City Open
- Kam zum ersten Mal in der US Open durch und wurde 41.
- Verlor in der zweiten Runde der US Amateurmeisterschaft mit 1 down gegen Harvie Ward

Auf dem Übungsplatz des Scioto Golf Clubs in Columbus/ Ohio im Alter von 13 Jahren

1959 – Alter 19 Jahre
- North-South Amateur Champion
- Spielte zum ersten Mal bei der Masters und verfehlte mit einer 150 den Cut um einen Schlag
- Spielte zum ersten Mal im Walker Cup und gewann den Vierer und das Einzel
- Gewann die Royal St. George's Challenge Vase (England)
- Erreichte das Viertelfinale der Britischen Amateurmeisterschaft
- Trans-Mississippi Champion
- Qualifizierte sich für die US Open und verfehlte mit einer 154 den Cut
- U.S. Amateur Champion

1960 – Alter 20 Jahre
- International Four-Ball Winner (mit Deane Beman)
- Hatte zusammen mit einem Mitbewerber den besten Amateur-Score und den 13. Platz in den Masters
- Erreichte die Schlußrunde der Big Ten Championship
- Verlor in der Schlußrunde der US Open um 2 Schläge gegen Arnold Plalmer, nachdem er 6 Löcher vor Schluß noch geführt hatte
- Erreichte die zweite Runde der NCAA Championship
- Gewann beide Einzel und beide Vierer bei seinem ersten America Cup
- Erreichte die vierte Runde der US Amateurmeisterschaft
- Spielte besten Score in der Ausscheidungsrunde zum World Amateur Team Championship mit 66-67-68-68 = 269 in Merion und trug damit wesentlich zum Sieg des US Teams bei

1961 – Alter 21 Jahre
- Western Amateur Champion
- Bester Amateur und zusammen mit einem anderen Mitbewerber 7. Platz bei der Masters
- Teilte sich mit einem Mitbewerber den 38. Platz im Colonial National Invitational (PGA Turnier)
- Teilte sich mit einem Mitbewerber den 4. Platz in der US Open
- NCAA Champion
- Teilte sich mit einem Mitbewerber den 23. Platz in der Buick Open (PGA Turnier)
- Teilte sich mit einem Mitbewerber den 55. Platz in der American Golf Classic (PGA Turnier)
- Gewann im Walker Cup seine Einzel und Vierer
- Zum zweiten Mal US Amateurmeister
- Gewann beide Vierer und halbierte beide Einzel im America Cup
- Wurde am 8. November Professional

Die wichtigsten Erfolge als Professional

Schlag aus dem Rough in Troon während der British Open 1962

1962
Offizielle U.S.-Tour Siege mit den jeweiligen Preisgeldern
U.S. Open $ 15.000
Seattle Open $ 4.300
Portland Open $ 3.500

Zweiter Platz in drei Turnieren, dritter Platz viermal.
Offizielles Preisgeld im ganzen Jahr: $ 61.868,95 – damit dritter in der Gewinnliste.

- Gewann $ 33,33 in seinem ersten Pro-Turnier, der Los Angeles Open
- Gewann 8 Monate später die World Series of Golf und $ 50.000,–
- Gewann seinen ersten Pro-Titel, indem er Arnold Palmer im Stechen um die U.S. Open schlug und wurde jüngster Gewinner aller Zeiten der U.S. Open
- Gewann hintereinander die Turniere in Seattle und Portland
- Zum »Rookie of the Year« des Jahres 1962 gewählt

1963
Offizielle U.S.-Tour Siege mit den jeweiligen Preisgeldern

Masters	$ 20.000,–
PGA Championship	$ 13.000,–
Tournament of Champions	$ 13.000,–
Sahara Invitational	$ 13.000,–
Palm Springs Classic	$ 9.000,–

Zweiter Platz in zwei Turnieren, dritter Platz dreimal.
Offizielles Preisgeld im ganzen Jahr: $ 100.040,–, damit Zweiter in der Gewinnliste.

- Gewann die Einzelmeisterschaft des World Cup in Paris und zusammen mit Arnold Palmer für die USA den World Cup
- Gewann zum zweiten Mal die World Series of Golf und $ 50.000,–
- Wurde mit einem Schlag Vorsprung vor Tony Lema der jüngste Gewinner aller Zeiten der Masters
- Wurde Dritter in der British Open mit Bogeys auf den beiden letzten Löchern
- Gewann die PGA Championship mit zwei Schlägen Vorsprung

Eine »Wasserlage« während der Canadian Open 1965

1964

Offizielle U.S.-Tour Siege mit den jeweiligen Preisgeldern:

Whitemarsh Open	$ 24.042,–
Tournament of Champions	$ 12.000,–
Phoenix Open	$ 7.500,–
Portland Open	$ 5.800,–

Zweiter Platz in 6 Turnieren, dritter Platz dreimal

Offizielles Preisgeld im ganzen Jahr: $ 113.284,50 –, damit erster in der Gewinnliste

- Gewann die Australian Open im Stechen gegen Bruce Devlin.
- Gewann die Einzelmeisterschaft des World Cup in Hawaii und zusammen mit Arnold Palmer den World Cup
- Wurde Zweiter in der British Open in St. Andrews und brach mit 66-68 den Rekord für die letzten 36 Löcher
- Erzielte den besten Durchschnitts-Score der Tour mit 69,9
- Bei seiner Führung in der Gewinnliste des Jahres lag er $ 81,13 über Palmer

1965

Offizielle U.S.-Tour Siege mit den jeweiligen Preisgeldern:

Masters	$ 20.000,–
Philadelphia Classic	$ 24.300,–
Thunderbird Classic	$ 20.000,–
Memphis Open	$ 9.000,–
Portland Open	$ 6.600,–

Zweiter Platz in vier Turnieren, dritter Platz zweimal
Offizielles Preisgeld im ganzen Jahr: $ 140.752,14 –, damit erster in der Gewinnliste

- Führte zum zweiten Mal die Gewinnliste mit einem Rekordergebnis an
- Gewann die Masters mit einem Rekord-Score von 271 und verbesserte damit das Ergebnis von Ben Hogan aus dem Jahr 1953 um 3 Schläge. Stellte mit einer 64 in der dritten Runde auch den Rundenrekord von Ben Hogan ein
- Erzielte zum zweiten Mal in Reihenfolge den besten Durchschnitts-Score der Tour mit 70,1
- Gewann die Portland Open zum dritten Mal und die Philadelphia (Whitemarsh) Open zum zweiten Mal in Reihenfolge
- War bei der World Series of Golf in Madrid zweiter in der Einzelmeisterschaft und im Mannschaftsergebnis

Chip mit dem Putter auf das 18. Grün in Augusta bei der Masters 1966

1966

Offizielle U.S.-Tour mit den jeweiligen Preisgeldern

Masters	$ 20.000.–
Sahara Invitational	$ 20.000,–
National Team Championship (mit Arnold Palmer)	$ 25.000,–

Zweiter Platz in drei Turnieren, dritter Platz dreimal, Offizielles Preisgeld im ganzen Jahr: $ 111.419,16 –, damit zweiter in der Gewinnliste.

- Gewann die British Open in Muirfield, Schottland, und wurde damit der vierte und gleichzeitig jüngste Golfer, der jemals die vier größten Meisterschaften gewonnen hat (Masters, U.S. Open, PGA und British Open)
- Wurde der erste back-to-back-Sieger der Masters nach einem Stechen mit Tommy Jacobs und Gay Brewer
- Stellte zusammen mit Arnold Palmer mit 32 unter Par einen neuen Team-Rekord in der National Team Championship auf
- Erreichte mit den offiziellen Preisgeldern die Summe von einer halben Million Dollar
- Nach fünf Pro-Jahren lag er in der Gewinnliste nie schlechter als auf dem dritten Platz und war bei 114 Tour-Starts 110 mal »im Geld«

1967

Offizielle U.S.-Tour mit den jeweiligen Preisgeldern

U.S. Open	$ 30.000,–
Westchester Classic	$ 50.000,–
Sahara Invitational	$ 20.000,–
Western Open	$ 20.000,–
Crosby National	$ 16.000,–

Zweiter Platz in zwei Turnieren, dritter Platz dreimal Offizielles Preisgeld im ganzen Jahr: $ 188.998,08 –, damit erster in der Gewinnliste.

- Lochte auf dem letzten Grün in Baltusrol einen 7-Meter-Putt ein und brach mit seiner 275 den U.S Open-Rekord von Ben Hogan aus dem Jahr 1948
- Wurde im ersten Jahr, in dem er sich um eine Mitgliedschaft in der PGA bewerben konnte, mit dem »Professional Player of the Year Award« ausgezeichnet
- Blieb einen Schlag hinter dem Sieger in der PGA Championship und zwei Schläge hinter dem Sieger der Britischen Offenen
- Gewann die Sahara Invitational zum dritten Mal und spielte dabei mit einer 62 die beste Runde seiner Laufbahn
- Gewann zum dritten Mal die World Series of Golf
- Durch $ 50.000 in der World Series und die gleiche Summe in Westchester gewann er innerhalb von 12 Tagen $ 100.000,–
- Setzte eine neue Rekordmarke in der Gewinnliste: $ 188.998,08 offizielle und $ 261.566,66 inoffizielle Einnahmen
- Gewann zusammen mit Arnold Palmer in Mexiko City zum vierten Mal den World Cup

Abschlag im Wind an dem tollen 16. Loch in Cypress Point bei der Crosby 1967

Ein kurzer Putt »fällt« während der British Open 1968 in Carnoustie

1968
Offizielle U.S.-Tour-Siege mit den jeweiligen Preisgeldern

Western Open	$ 26.000,–
American Golf Classic	$ 25.000,–

Zweiter Platz in drei Turnieren, dritter Platz einmal
Offizielles Preisgeld im ganzen Jahr: $ 155.285,55 –, damit zweiter in der Gewinnliste

- Gewann die Australian Open zum zweiten Mal mit einem Platzrekord von 64 in der zweiten Runde
- Gewann das längste Stechen des Jahres in der American Golf Classic, indem er Lee Elder am 5. Extra-Loch schlug. Frank Beard war am 1. Extra-Loch ausgeschieden
- Gewann hintereinander die Western Open und die American Classic und teilte sich den zweiten Platz in Westchester, womit er im August dieses Jahres innerhalb von 3 Wochen $ 71.416 gewann
- War zweiter in drei Offenen Meisterschaften – der Amerikanischen, der Canadischen und der Britischen

»Kopf an Kopf« mit Tony Jacklin im Ryder Cup 1969

1969
Offizielle U.S.-Tour-Siege mit den jeweiligen Preisgeldern

Andy Williams – San Diego Open	$ 30.000,–
Kaiser Invitational	$ 28.000,–
Sahara Invitational	$ 20.000,–

Zweiter Platz in einem Turnier
Offizielles Preisgeld im ganzen Jahr: $ 140.167,42 –, damit dritter in der Gewinnliste

- Näherte sich der 1-Million-Dollar-Einnahmen und eroberte den zweiten Platz in der Gewinnliste aller Zeiten, nachdem er in 8 Pro-Jahren $ 996.524,17 eingenommen hat
- Gewann die Sahara Invitational zum vierten Mal
- Gewann die Kaiser Invitational nach einem »sudden death«-Stechen gegen 3 Mitbewerber
- Gewann gegen Ende der Saison in 3 aufeinander folgenden Turnieren $ 62.300,– (Siege in der Sahara und Kaiser, sowie 2. Platz in der Hawaiian Open)
- Hatte gegen Ende der Saison 20 Pfund abgenommen und 15 Zentimeter weniger Hüftumfang

1970
Offizielle U.S.-Tour-Siege mit den jeweiligen Preisgeldern

Byron Nelson Classic	$ 20.000,–
National Team Championship (mit Arnold Palmer)	$ 20.000,–

Zweiter Platz in drei Turnieren, dritter Platz zweimal
Offizielles Preisgeld im ganzen Jahr: $ 142.148 –, damit vierter in der Gewinnliste

- Gewann die Britische Offene zum zweiten Mal nach einem 18-Löcher-Stechen mit Doug Sanders in St. Andrews
- Gewann zum vierten Mal (Rekord) die World Series und $ 50.000,–
- Gewann die Piccadilly World Match Play Championship in Wentworth, England
- Besiegte Arnold Palmer im Stechen um die Byron Nelson Classic auf dem ersten Extra-Loch
- Gewann zusammen mit Arnold Palmer zum zweiten Mal die National Team Championship mit einem Score von 25 unter Par
- Gewann $ 76.400 außerhalb der US-Tour

1971

Offizielle U.S.-Tour-Siege mit den jeweiligen Preisgeldern

PGA Championship	$ 40.000,–
Tournament of Champions	$ 33.000,–
Disney World Open	$ 30.000,–
Byron Nelson Classic	$ 25.000,–
National Team Championship (mit Arnold Palmer)	$ 20.000,–

Zweiter Platz in drei Turnieren, dritter Platz dreimal

Offizielles Preisgeld im ganzen Jahr: $ 244.490,50 –, damit erster in der Gewinnliste

- Mit dem Sieg im PGA Championship wurde er der erste Golfer, der die vier größten Meisterschaften je zweimal gewonnen hat
- Stellte einen neuen Gewinnrekord auf und brachte seine Gesamtgewinnsumme auf $ 1.400.000,–
- Gewann zusammen mit Arnold Palmer zum dritten Mal die National Team Championship
- Gewann das Tournament of Champions zum dritten Mal mit einem Vorsprung von 8 Schlägen
- Gegen Ende der Saison gewann er vier Mal bei fünf Starts: Australian Open (8 Schläge); Australian Dunlop (7 Schläge); World Cup Einzelmeisterschaft (7 Schläge); Disney World Open (3 Schläge)
- Gewann, diesmal mit Lee Trevino, zum dritten Mal (Rekord) in Florida den World Cup für die USA
- Verlor die U.S. Open im Stechen gegen Lee Trevino mit einem Score von 68 zu 71
- Teilte sich den zweiten Platz der Masters, zwei Schläge hinter dem Sieger

1972

Offizielle U.S.-Tour-Siege mit den jeweiligen Preisgeldern

Bing Crosby	$ 28.000,–
Doral Eastern Open	$ 30.000,–
Masters	$ 25.000,–
U.S. Open	$ 30.000,–
Westchester Classic	$ 50.000,–
U.S. Professional Match Play Championship	$ 40.000,–
Disney World Open	$ 30.000,–

Zweiter Platz in drei Turnieren

Offizielles Preisgeld im ganzen Jahr: $ 320.542 –, damit erster in der Gewinnliste

- Zweiter in der British Open in Muirfield nach einer letzten Runde von 66, einen Schlag hinter Lee Trevino
- Gewann $ 90.000 innerhalb von 17 Tagen durch seinen zweiten Sieg in der Westchester Classic und den ersten Sieg in der U.S. Professional Match Play Championship
- Spielte in 19 U.S.-Turnieren und war 7 mal Sieger
- Stellte mit $ 320.542 einen neuen Jahres-Einnahmen-Rekord auf und brachte seine offizielle Gesamtgewinnsumme auf $ 1.981.830,–
- Gewann die Masters zum vierten Mal
- Gewann die U.S. Open zum dritten Mal
- Wiederholte seinen Sieg in der Disney World Open mit einem Gesamtscore von 267 = 19 unter Par, mit 9 Schlägen Vorsprung vor dem Zweiten, Bobby Mitchell

Kurzer Pitch auf das 6. Grün in La Costa während des Tournament of Champions 1972

Ein langes Eisen vom 17. Abschlag in Pebble Beach bei der U.S. Open 1972

Zu kurzer Putt am 7. Grün in Pebble Beach bei der Crosby 1972

Langes Eisen auf der ersten Runde der British Open in Troon 1973

1973

Offizielle U.S.-Tour-Siege mit den jeweiligen Preisgeldern

Doral Eastern Open	$ 30.000,–
Heritage Classic	$ 40.000,–
Masters	$ 40.000,–
PGA Championship	$ 45.000,–
World Open	$ 40.000,–

Zweiter Platz in einem Turnier

Offizielles Preisgeld, einschließlich der Turniere außerhalb der Tour: $ 330.123,–, Gesamtsumme überschreitet $ 2.750.000,–

- Gewann die Australian Open außerhalb der Tour
- Verlor die Canadische Offene im Stechen gegen Tom Weiskopf am ersten Extra-Loch
- Von 19 Turnieren innerhalb und außerhalb der Tour gewann er 6 und lag 17 mal unter den ersten 10
- Spielte 30 von 64 Tour-Runden unter 70
- Wurde zum vierten Mal PGA Player of the Year und zog damit mit Ben Hogan gleich
- Mit dem 5. Sieg bei den Masters (Rekord) und dem 4. Sieg im PGA Championship gewann er seine 15. und 16. große Meisterschaft. Bei sonstigen großen Meisterschaften lag er bei der British Open einen Schlag hinter dem Sieger und bei der U.S. Open zwei Schläge hinter dem Sieger

Schwieriger Schlag aus einem Grünbunker am 2. Loch des Augusta National bei der Masters 1975

1974

Offizielle U.S.-Tour-Siege mit den jeweiligen Preisgeldern

Hawaiian Open	$ 44.000,–
Tournament Players Championship	$ 50.000,–

Zweiter Platz im Colonial National und im PGA Championship. Offizielles Preisgeld im ganzen Jahr: $ 236.520,– Gesamtgewinnsumme überschreitet $ 2.500.000,–

- Bei 18 im Jahr 1974 gespielten Turnieren lag er 13 mal unter den ersten 10 und 8 mal unter den ersten 6

1975

Offizielle U.S.-Tour-Siege mit den jeweiligen Preisgeldern

Greater New Orleans Open	$ 25.000,–
Bing Crosby	$ 36.000,–
Atlanta Classic	$ 30.000,–
Tournament of Champions	$ 40.000,–
PGA Championship	$ 45.000,–
Ohio Kings Island Open	$ 25.000,–
Disney World Open	$ 30.000,–

Zweiter Platz in einem Turnier

Offizielles Preisgeld im ganzen Jahr: $ 308.124,–, damit erster in der Gewinnliste und erster Golfer, der in offiziellen Preisgeldern jemals die Summe von $ 2.000.000,– überschritten hat

- Gewann die dritte PGA Championship
- Übertraf am 12. August den Rekord von Bobby Jones, indem er mit der PGA Championship seine 14. große Meisterschaft gewann
- Spielte 1975 in 17 Tour-Turnieren, gewann 7 mal, lag 15 mal unter den ersten 10 und 13 mal unter den ersten 6
- Wurde vierter in der British Open und stellte mit 7 unter par und einer 65 in der letzten Runde in Troon einen neuen Platzrekord auf
- Erzielte seinen 51. Sieg auf der U.S.-Tour
- Gewann zum 6. Mal, diesmal mit Johnny Miller, den World Cup in Marbella, Spanien

Bunkerschlag während der British Open in Turnberry 1977

1976
Offizielle U.S.-Tour-Siege mit den jeweiligen Preisgeldern

Tournament Players Championship	$ 60.000
World Series of Golf	$ 100.000,–

Zweiter Platz in der Doral Eastern Open und der Canadian Open
Offizielles Preisgeld im ganzen Jahr: $ 266.438 –, damit erster in der Gewinnliste

- Gewann die Australian Open zum 5. Mal (Rekord)
- War zum 8. Mal an der Spitze der U.S.-Tour-Gewinnliste
- War zum 5. Mal Zweiter in der British Open
- Bei 16 im Jahr 1976 gespielten Turnieren lag er 11 mal unter den ersten 10
- Wurde zum 5. Mal (Rekord) zum PGA Player of the Year gewählt

1977
Offizielle U.S.-Tour-Siege mit den jeweiligen Preisgeldern

Jackie Gleason Inverrary Classic	$ 50.000,–
Tournament of Champions	$ 45.000,–
Memorial Tournament	$ 45.000,–

Zweiter Platz in den Masters und der Pleasant Valley Classic
Offizielles Preisgeld im ganzen Jahr: $ 284.509 –, damit zweiter in der Gewinnliste

- Hat als erster Golfer auf der U.S.-Tour über 3 Millionen Dollar verdient und ist immer noch der einzige, der über 2 Millionen Dollar verdient hat
- Wurde zum 6. Mal zweiter in der British Open
- Mit seinem 63. Sieg auf der U.S.-Tour übertrifft er Ben Hogan's Gesamtergebnis und bleibt mit seinen Gesamtsiegen nur noch hinter Sam Snead zurück
- Bei 19 im Jahr 1977 gespielten Turnieren lag er, einschließlich der British Open, 11 mal unter den ersten 5 und 15 mal unter den ersten 10

1978
Offizielle U.S.-Tour-Siege mit den jeweiligen Preisgeldern

Jackie Gleason Inverrary Classic	$ 50.000,–
Tournament Players Championship	$ 60.000,–
IVB Philadelphia Classic	$ 50.000,–

Offizielles Preisgeld im ganzen Jahr: $ 256.672 –, damit vierter in der Gewinnliste

- Gewann die British Open zum 3. Mal, brachte die Gesamtzahl seiner Siege in den großen Meisterschaften damit auf 17 und wurde der einzige Golfer, der die vier größten Meisterschaften alle mindestens 3 mal gewonnen hat
- Gewann die Australian Open zum 6. Mal (Rekord)
- Sein Sieg in der Tournament Players Championship war der dritte in den fünf Jahren, in denen dieses Turnier gespielt wird
- Der Sieg in Inverrary war der zweite in Reihenfolge, und er spielte dabei auf den letzten 5 Löchern 5 Birdies
- Wurde von »Sports Illustrated« zum »Sportsman of the Year« gewählt

Drive am 5. Loch in St. Andrews, einem der schwierigsten auf diesem Platz, während der British Open 1978

1979

- Teilte sich den zweiten Platz in der British Open – damit zum 7. Mal allein oder zusammen mit anderen zweiter in der ältesten Meisterschaft der Welt
- Verpaßte das Stechen in der Masters um einen Schlag und wurde vierter
- Teilte sich den dritten Platz in der IVB Philadelphia Classic, einen Schlag hinter den Siegern
- Siegesliste in den großen Meisterschaften am Ende des Jahres: 17 Siege, 16 mal Zweiter, 9 mal Dritter und 58 mal unter den ersten 10
- Erhöhte seine Gesamt-Gewinnsumme auf $ 3.408.826. Dabei $ 85.174 in diesem Jahr, einschließlich der British Open
- Wurde nach einer nationalen Umfrage unter Sportjournalisten, Herausgebern und Rundfunkkommentatoren zum »Athlete of the Decade« gewählt

1980

Offizielle U.S.-Tour-Siege mit den jeweiligen Preisgeldern

U.S. Open	$ 55.000,–
PGA Championship	$ 60.000,–

Offizielle Preisgelder im ganzen Jahr: 175.786, womit seine Gesamteinnahmen auf $ 3.581.213 steigen

- Stellt mit 272 einen neuen 72-Löcher-Rekord auf, als er die U.S. Open zum 4. Mal gewinnt. Gleichzeitig auch Rekorde für 36 und 54 Löcher. Hat damit zusammen mit Willie Anderson, Bobby Jones und Ben Hogan als einziger die U.S. Open viermal gewonnen
- Gewann das PGA Championship zum 5. Mal und stellt damit den Rekord von Walter Hagen ein
- Hat nach Ben Hogan (1948) als einziger Golfer die U.S. Open und das PGA Championship im selben Jahr gewonnen
- Verlor die Doral Eastern Open im Stechen am zweiten Extra-Loch
- Wurde vierter in der British Open – damit bei 19maliger Teilnahme zum 15. Mal unter den ersten vier

Aus dem Rough im Royal Lytham & St. Annes bei der British Open 1979

Kurzer Pitch auf das 17. Grün in Baltusrol bei der U.S. Open 1980